Seeker

Seeker

夢想德國

皮爾斯夫人（林家羽）／著

Seeker.6

夢想德國

作　　者　皮爾斯夫人（林家羽）
攝　　影　皮爾斯夫人（林家羽）
美　　編　李緹瀅
主　　編　高煜婷
總 編 輯　林許文二

部分圖片感謝Bora HotSpaResort、SchwabenQuellen Sauna、Insel Mainau官網、www.100pro-energiewende.de/（100%的可再生能源）官網提供

出　　版　柿子文化事業有限公司
地　　址　11677臺北市羅斯福路五段158號2樓
業務專線　（02）89314903#15
讀者專線　（02）89314903#9
傳　　真　（02）29319207
郵撥帳號　19822651柿子文化事業有限公司
投稿信箱　editor@persimmonbooks.com.tw
服務信箱　service@persimmonbooks.com.tw

業務行政　鄭淑娟、唐家予

初版一刷　2013年09月
　　三刷　2015年06月
定　　價　新臺幣350元
I S B N　978-986-6191-46-6

國家圖書館出版品預行編目(CIP)資料

夢想德國／皮爾斯夫人（林家羽）作.--初版.--臺北市：柿子文化，2013.09
面；　公分. --（Seeker；6）
ISBN　978-986-6191-46-6（平裝）

1.社會生活 2.德國

743.3　　　102017497

恭喜小魔女出書了

張光斗，點燈節目製作人

小魔女要出書了！

「小魔女」是「點燈協會」同仁們封給家羽的外號。

家羽在「點燈」節目服務期間，特別熱衷當一個對塔羅牌、第六感預言……十分神準的小魔女。每每她口出驚人針對節目來賓乃至節目導播說出一些無法想像的「直覺第六感式」言語時，身邊的同仁總會不禁張口結舌了起來。

而後，她像一顆飄泊的星球，任意徜徉在星海裡。我總是從其他同仁口中得知，小魔女又飄泊到哪一個國家，或是哪一個城市了。

從此，我再也沒有機緣見到小魔女，直到二〇一一年初……

小魔女當媽媽了，帶著她的德國丈夫與名叫恩典的小小兒子，出現在「點燈」同仁為她舉辦的歡迎晚宴之中。

她仍然是笑瞇瞇的，對她先生、對她的兒子、對她的老同事。不過，我也終於看到她的成熟了；哪怕是隨意的舉手投足，甚或不經意地以眼神去關注她那不懂中文、面對一群臺灣友人吱吱喳喳無法馬上融入的丈夫。

當她的兒子被同仁抱去角落玩耍時，小魔女終於有機會聊天了，她說了一個在德國發生的笑話，把我們一群人逗得前俯後仰。她說，剛去德國時，最痛苦的就是做家事了，以前在臺灣生活只懂得工作，回到爸媽家也習慣當大小姐，做家事的機會可真少，所以剛嫁到德國初期，那些掃廁所、洗碗的工作讓她每天做得唉聲歎氣的。她還跟我們說，到德國不到半年，因為笨手打破了廚房櫃子裡快二十多個杯、瓢、盤，先生常常下班回來就問她今天還好嗎？那句話的含意是：今天有沒有又打破了什麼東西？後來先生實在怕到了，乾脆將最貴的杯、碗、盤全放在櫥櫃最頂端那一層，因為他知道——那個高度小魔女即使墊了個板凳也搆不到。如果小魔女不說這一段，我們都還以為她棄筆嫁到德國的日子應該很逍遙，沒想到這回她要做的功課，竟得從最基本的生活功法開始操練起。

小魔女隨後又跟我說，她在《人間福報》連載的專欄有出書的計畫，希望我能為她寫篇序，我當然說好！不過，一晃眼過了大半年，我還當她找了別人，沒想到先是接到她從德國打來的電話，而後又收到了她的稿件光碟，才知道小魔女這次又是玩真的了。

看了她的書稿，我覺得她的心思更細密了。她在〈喜憨兒的幸福咖啡屋〉中，展現了對弱勢族群的關注與慈悲；在〈德國媳婦命運大不同〉中，對德文班一位外籍新娘的不幸遭遇充滿了關懷與感歎……我知道，小魔女在「點燈」節目服務所累積的經驗，替她對生命的觀察與交會留下了特殊的品味。當然，她也沒有喪失曾經擔任過記者的敏銳度，在臺灣被塑化劑驚擾到全島沸騰的時候，她相應地寫了〈洗過上百回的二手衣最安心〉，讓我們得知，德國專賣兒童二手衣的服裝店之所以受到媽媽們的歡迎，是因為那一件件小人衣已經洗過了上百遍，絕對是孩子的「安全衣」了。

其實，我忘了問小魔女，她是否算準過自己有一天會遠嫁德國當「外籍新娘」？

我也忘了問小魔女，她打算用中文、英文，還是德文與小兒子對話？

不過，我對小魔女是放心的，因為我看到她如此寫到：「因為一個問路反而認識了第一個德國新朋友；因為一個夢想讓我在另一個國度鮮活了起來。」

沒錯！路可以迷走，夢可以慌作，但是，生活卻要一步一腳印地自行踩過才算數！

非常恭喜家羽的新書出版，也期待在往後的歲月之中，我們依然能看到這位不一樣的德國「外籍新娘」是如何去征服她婆婆、公公，又如何「軟化」她老公，讓對方願意將那些放在櫥櫃最頂層的杯、碗、盤，放心地歸回原來的位置；讓小魔女真正擁有廚房的控制權，讓她在廚房的天地裡可以像她在文字的天地裡一般，自由揮灑如魔法般的創意泉湧與幸福滿滿。

幸福的信仰

趙翠慧，周大觀文教基金會總執行長

初識家羽，是在一個溫馨的靜心工作坊裡。

甜美的她，臉上漾滿著如孩子般天真無邪的笑容，叫人忍不住被她吸引。再聽那娓娓道出的採訪趣聞和節目主持花絮，幽默而慧黠的她，可真讓人禁不住就喜歡上。

自從她遠嫁德國，我這個慧媽媽的心就時時懸著，直到有一天，翻開《人間福報》，被眼前一個模樣、神情簡直就是家羽翻版的小男孩給吸引了目光，「皮爾斯夫人的寶貝恩典」？明明就是「家羽的小寶貝」吧！於是，我就這樣開始留意起「皮爾斯夫人」自德國捎來的訊息……

一如往常，透過皮爾斯夫人美麗的雙眸，我們看到更迷人的異國風光。她浪漫多情地賦予了她身邊的人事物新價值，當我們隨著她〈鳥事當大事〉鳥屋尋蹤的同時，也感受到她時時刻刻對德國生態環保議題的關注。

在邀我為她寫序的信上，我被她的一段話深深觸動——

「自從當媽之後，光搞我家恩典就夠讓我忙的了。這一年來在《人間福報》的專欄，我都是利用兒子晚上睡覺後努力寫出來的。其實也可以不用那麼累，但總覺得就算當了媽媽，還是要繼續追求自己的夢想，才會比較快樂。」

於是，我們看到了快樂的、可愛的皮爾斯夫人用心在蘋果森林享受透亮的紅蘋果，偶而到鄉間路旁採野花，還有佈置窗臺上的情調晚餐……處處讓我們看到了她的巧思慧心。

閱讀皮爾斯夫人，不只是她字裡行間的活潑流暢，最不一樣的是：年紀輕輕的她，竟然會如此的關懷人文、環境，宣導樂活的概念。

誠如皮爾斯夫人所說的——「期許德國文章的書寫，能讓更多臺灣人開始懂得回歸自然、回歸家庭，享受平衡健康的生活本質。」

我真的為我心中的小家羽成為皮爾斯夫人喝采！從一個活蹦亂跳的小精靈成為優雅的小天使，沒有心中堅定的愛與對幸福生活的信仰堅持，是不可能成就的。

愛妳！皮爾斯夫人。

吉普賽女郎勇闖日耳曼

鄭惠中，布衣藝術家

家羽邀我為她的新書作序，這差事著實讓我受寵若驚。其中，「驚」的成分或許還多些，因為染布作衣是我的專長，但為文作序，卻是不曾有的嘗試。幾番來回之後，我收到了書稿光碟，成為本書最早的讀者之一，看來，家羽的熱情與堅持，一點也沒有隨著嫁作德國媳婦，變身成為「皮爾斯夫人」而有所改變！

展讀文章，走進家羽的日耳曼生活，除了看她精緻細膩地分析東西方文化的異同，更讓我敬佩的是，身在遙遠的異鄉，面對不同的文化，她從來都不是誤入叢林的小白兔，而是猶如臺灣土狗般，永遠張著晶亮的雙眼，充滿好奇且無所畏懼。

說「土狗」，絕對沒有不敬的意味，過去十多年來，我帶領由多位專業表演工作者和傳統音樂家所組成的文化志工團體「臺灣土狗」（Taiwan ToGo），而家羽在成為德國媳婦之前，也曾經是《TOGO》旅遊雜誌的記者——雖然此TOGO非彼ToGo。不過，請容許我驕傲地說：「我們都是熱情的『臺灣土狗』，充滿旺盛的生命力，追尋生命的真理永遠都不嫌累。」

相較於家羽生活在日耳曼的深入，我的德國經驗則是來自文化交流。猶記二〇〇七年時，「臺灣土狗」野鼓劇團在德國漢諾威電腦展的「臺灣之夜」演出，並且登上達姆斯國家劇院的舞臺，也走訪了柏林、不萊梅等城市。於演出的行程空檔，德方特別招待我們去觀光的時候，一定隨身備有一份嚴謹的Schedule。有趣的是，每當「臺灣土狗」走得稍慢隨性，德方的招待人員總是會很緊張的催促。最後我告訴他們，臺灣土狗喜歡慢慢走，沒有走完定點無所謂，並且一再保證不會去申訴抱怨，有了這保證，他們才卸下心防，跟著土狗悠閒的走。來自臺灣的「土狗」隨性自在，德國人則像受過精良訓練的「狼犬」，要求精準與規範，所以當土狗與狼犬相遇，挑戰就開始了。

幾次交流下來，我對德國人的嚴謹與規矩留下了深刻印象，他們以規範達到最大的公平，每當發現漏洞，又會有一個規範去防漏，彷彿在框架之上不斷加框加架，但是框架裡是否還有改變的可能呢？當這個問題在腦海浮現的時候，同時也湧現一幅畫面：那個我所認識熱愛旅行流浪如吉普賽女郎的家羽，這回開始變身成臺灣土狗，在日耳曼的生活框框裡開心的探險。當然，探險過程總會被不同的框框絆倒，面對這些框架，家羽拿出了藏囊榔頭，二話不說便開始敲敲打打，但是德國老公卻跳出來說：「嘿！家羽，這兒也有個框呢！」接著再補了一個框，沒多久，框又被她打破了，就在加框與破框之間，也交會出東西方文化的火花。

家羽站在日耳曼的框裡，觀察日耳曼民族，也不斷的觀照自身。她一直在看自己、看人類、看眾生、看時代，如何與自己的貪嗔痴和好？什麼是有利於人類、有利於眾生、有利於世代？因此，我們看到的不只是生活的小品，而是以家庭生活為圓心，輻射出環保、人文與教育等主題。

她認真細微地比較了東西的文化，並且貼心地把所見所聞代換成臺灣人可以理解的概念，比方說把歐元換算成臺幣。在很多事情上，她都是以臺灣為出發點，觀照東西方的差異，像是塑化劑事件、日本核災事件、綠色經濟的概念等，讓我們看到，印象中帶有血汗工廠元素的日耳曼民族，如何回歸到對環境友善、與自然和好的初衷。看德國在包浩斯的直線、橫線、自由線之外，如何加入圓弧的曲線，增加更多的可能性。

閱讀這本《夢想德國》，我們可以不必遠赴德國，不用親身去碰撞日耳曼，就能夠透過家羽的雙眼，直接看到她所觀察到的一切——用亞洲的邏輯去認識西方的文化，而且充滿樂趣。

這本書，是家羽對德國觀察的第一步，用感性去體會，用理性去分析，精準地比較亞洲與歐洲的不同，認識日耳曼民族的框，找出框裡的真善美，在尋找綠色奇蹟的過程中，咀嚼幸福生活的滋味。最後，也期許家羽繼續保持臺灣土狗的熱情生命力，勇敢突破、超越生活的框架，到達皆大歡喜的圓融境界。

看完就有衝動想去德國

劉美霞，好友

記憶中的家羽是個愛作夢、相當浪漫的女孩，讀著她所寫關於日耳曼生活的各種幸福哲學，我看見她快速地長大了，並以正面思考面對德國生活的種種，透過她的書，再次感受到那個用心認真、溫暖熱情的臺灣女孩特質。

朋友們都知道，我是一個不喜歡出國的人，但看完了家羽這本《夢想德國》，我突然有種衝動想買張機票飛到德國去看看她——

我想去參觀她婆婆那間如化學實驗場的廚房，我希望她帶我去拜訪那對教會她種出一顆好蘋果的德國老阿媽，我更想看看德國的蘋果樹，在春天時節裡開滿了上千朵小白花的甜美；我也想跟著家羽和她的寶貝兒子恩典一塊兒來趟鳥屋尋訪，親自感受一下德國人對生態自然的細膩與用心；還想去逛逛當地的菜市場，因為菜市場應該是最能體會德國人生活態度的地方吧！

身為好友，真的很高興家羽找到幸福，不過我深知，這樣的幸福背後其實有很多她的努力。還記得她曾開玩笑地表示，當初會嫁到德國，其實是看上她的公公婆婆，我們倆在電話兩端大笑不已，但當下我的心裡卻想著：隨著自己的成長變化，過去那個獨來獨往、旅行流浪全世界的女孩子，她那飄浮的心終於慢慢定了下來，甚至連腦袋瓜裡的思想也開始變得傳統起來。

看她的書，最喜歡的部分是她在日常小事裡盡是很多的開心、幸福、平安喜悅，從她當德國「煮婦」的生活、打破碗盤的數量，去計算她全力以赴的日子，充分表現了臺灣女孩的韌性。家羽的書帶給我很多幸福的觸動，我記得她跟我說過，這手裡握住的，是在她身旁給她很多愛與力量的老公、公婆，以及遠在臺灣的家人無時無刻給予的溫暖支持，才得以擁有的幸福成全。

最後我很好奇，也很想知道，臺灣的年輕媽媽看了這本書，不曉得會激發出什麼樣的幸福漣漪？

contents

推薦序

自序

Part1 幸福・在自然——回到生命本來的軌道　020

飄流在日耳曼與島嶼之間

我的故鄉是個海島　但我卻不太敢游泳
這一生走到現在　最自豪的是自己對生命夢想追求的熱情
我落腳生活的德國　不是個島嶼
不過生命的流動　往往比我更清楚靈魂流向的河口
來到這片土地　繼續過著兩種心情的日子
一半時間學習飄流　一半時間學習生活
飄流在日耳曼與島嶼之間
不為什麼
只為更誠實地走向自己
飄流在日耳曼與島嶼之間
不為什麼
只為尋找一份失落已久的幸福信仰

我的生命總在某種熟悉與不熟悉之間，變得愈來愈強大有力；我的生活總在舊的回憶與新的國度氣味之間，變得愈來愈鮮活有趣。人生的角色不過是不同階段上戲臺的龍套，而這一回，我的故事離開了島嶼，開始在日耳曼上演。

不當記者，在德國當家庭主婦，原本以為會比在臺灣加班趕稿的日子快活，但幾年過去了，以前那雙寫稿打字的手，卻比在臺灣的時候更忙：洗碗、煮飯、幫兒子換尿布、打掃清潔……嫁到異國前怎麼沒人告訴我，我將把這一輩子在臺灣沒做過的家事，在德國一一清算掉。

不上班，在德國當自由旅人，原是想挖掘這個國家每一處的絕倫美景，幾年過後卻發現，德國美的不只是風景，德國人本身熱愛生活的幸福哲學，才是我最需要跟進學習的。

離開臺灣，移居落腳在德國，原本對這個國家的印象，大概就是以前知道的賓士、慕尼黑啤酒節、德國豬腳和足球賽，後來才慢慢發現，我在德國生活的家人與朋友，全都不知不覺地變成我經驗德國、窺探德國的蛛絲線索。

家庭主婦這份工作，到目前為止還是無給薪狀態，好幾年沒有拿到薪資袋了。不過，周遭的德國人常告訴我，家庭主婦是份特別的工作，需要比一般人更懂得生活的常識與道理；她們也跟我說，家庭主婦會比我以前做過的任何一份工作都困難，除了需要很多的體力勞動，還得有過人的處世智慧，才能好好打理家庭生活，讓家中成員都能深深眷戀屬於一個家的美好。

總覺得上蒼很厚愛我，也很懂得出考題給我，祂給我如英雄般的無比膽量，使我鼓足勇氣，毅然踏上自我追尋之路，連著幾年當個獨行的旅者，浪跡天涯、四海為家。當我完成探索自我的旅程，祂就派給我一個家——一份對幸福的承諾。現在我已不能再一個人瀟灑過活了，但老實說，如果沒有這個新角色，我不會有機會遇見那個用心教我種出健康蘋果的德國阿媽；如果不是為了要買一顆蛋，也不會跑到Pank先生開的有機農場裡，讓他帶我去認識那一群快樂的母雞；更別說為了要買幾株向日葵給婆婆，專程跟先生開車到離家很遠的公路花園裡當採花大盜了……家庭主婦生活的豐富有趣，恐怕不是一份忙得要死要活才領個幾萬塊薪水的工作可以打發。

在臺灣生活了那麼久，年紀小的時候，我不清楚要如何看見自己獨特的生命價值；求學時代，學校裡的老師沒教我，隨手關燈珍惜能源比考試名列前茅更重要；出了社會後，大部分時間都賣給了工作，社會沒教我除了工作之外，懂得如何過生活也是一門學問，同樣值得被看重。

在德國的日子為我帶來許多新奇與美好，然而最令我受用無窮的，應該是他們生活裡所展現的平衡快樂。他們的生活不是只有工作，下了班後的家庭經營也很重要，其他還有休閒假期的放空自我、自然環境的身心薰陶等等。誰說學習過生活不重要？當人們汲汲營營忙破頭在拼經濟、當孩子的教育只一味地上補習班與講求名次、當一棟棟高樓大廈不斷被建起，但環顧四周，那些該留給子孫的老樹卻一棵一棵不見了……

我們總是羨慕所謂先進國家的生活，但是否曾深入去理解，先進指的不再只是以經濟蓬勃做為指標，當文明科技發展到一個顛峰，都必須要更自覺地回歸自然、回歸家庭、回歸內在的自我反省，因為這就是生命道的平衡。

德國社會完善制度與法律的層層立意背後，初發心終究是為群體人類能有一個更好的生活品質而努力。不過，即使制度或法律能為人類或環境保護做到萬無一失、面面俱到，仍比不上一顆有覺知善念的心，願意設身處地想到生活周遭的人，自律自愛約束自己的行為，奉公守法盡本分，與他人共同創造一個平衡和諧的幸福生活品質。

所謂的先進國家，指的是一種對環境、對人、對動物的友善尊重；所謂的先進國家，指的是一種合乎健康人性，不超時工作但求兢兢業業，日出而作、日落而息，享受家庭之樂的平衡生活。完成這本書，是我內心一個小小的心願顯化，想分享給你，我在德國找到飄流在日耳曼與島嶼之間、你和我之間，失落已久的幸福信仰。祈願有愈來愈多的人，在呼與吸之間、在日與夜之間、在自己與自己獨處之間、在與家人圍成一個圓之間、在握住雙手與打開雙手之間，能因為開始學習平衡健康過生活，深深為自己的生命感到驕傲。

關於皮爾斯夫人

白天正職當媽、當主婦，
晚上副業是老婆、寫書人，
旅行全世界，定居在德國，
百分之七十的時間拿來過生活，
百分之三十的時間拿來樂在工作！

皮爾斯夫人的生活格言小誌

生活的事很小，但搞定了，世界也都跟著開心微笑。
家裡的事很小，但圓滿了，世界也都跟著歡樂幸福。
自己的事很小，但平衡了，世界也都跟著平安喜悅。
孩子的事很小，但用心了，世界也都跟著同步成長。
婚姻的事很小，但經營了，世界也都跟著高歌真愛。
助人的事很小，但付出了，世界也都跟著驅動改變。

自然的事很小，但關懷了，世界也都跟著欣欣向榮。
善念的事很小，但發出了，世界也都跟著努力向上。
世界因小而美好，別再擔心個子小、膽子小、臺灣太小、
錢太小、假期太小、孩子太小、房子太小、車子太小……
幸福人生的道理，每一天每一秒都被宇宙神祕安排在最小的生活細節裡，
人生其實並不小，就怕沒有心要體會這世界的美好。

Part 1

幸福・在自然
回到生命本來的軌道

- 一顆紅蘋果，學會放手的幸福
- 世上真正的美味
- 鳥事當大事
- 路邊的野花可以採
- 快樂的母雞，健康的好蛋
- 再冷也要去森林上學

一顆紅蘋果，學會放手的幸福

我在認識種蘋果的雙胞胎老奶奶前，先遇見了住家公寓後那一大片的蘋果森林；我在品嚐到老奶奶親手栽種的有機蘋果前，先遇見了蘋果森林在春天心花怒放送給我的白色花季……

第一次與蘋果森林相遇，是我剛到德國的時候——那是一個蘋果正結實纍纍的香甜九月。

從我們住的公寓漫步到蘋果森林只需要五分鐘，我總是會在上完半天德語課之後的下午，往那一大片的綠地探去。每一回的蘋果森林小旅行，我都帶著無比興奮的心情上路，心情之所以會好，除了是因為知道今天背出去的大布袋裡，又將會有很多野生蘋果跟著我一起回家，另一方面則是期待又好奇，今天的這趟小旅行會跟什麼樣的人相遇……

不過，這些時日下來的蘋果森林裡，擦身而過能說聲「Guten Tag（你好）」的人常常不到七個，倒是自個兒肩上背的大布袋裡，野生蘋果早已超過二十顆了。自從我們家連著每個星期都出現二十多公斤的野生蘋果，果味處處氾濫後，先生開始有意無意地在我出發到蘋果森林前打電話來叮嚀。

高掛在樹上的飽滿蘋果，可是教會我觀察德國四季的第一位自然老師。

「老婆，可不可以不要再撿一堆蘋果回家了，那些被妳撿來的蘋果，我們能送的也送了，該變的蘋果料理把戲也絞盡腦汁了，妳去蘋果森林走走看看就好，看到地上掉的蘋果，就讓它們去吧！」

這一句「讓它們去吧！」說得簡單，但聽在一個新手家庭主婦的耳裡，卻是相當刺耳。超級市場的蘋果，一公斤大概要花上三歐（臺幣一百二十元左右），而且還不是天然野生、有機的！所以，我心裡總想：「管他的，能撿就撿吧！」

這天，我跟往常一樣，背著當蘋果大盜的大布包，又一個人逍遙自在地鑽進了自己的蘋果天地，只是天公不作美，時間還過不到半個小時，便突然下起了大雨。雨來得狂急，離我最近的，除了蘋果樹還是蘋果樹，毫無遮風擋雨的地方。我一路跑著，順手將自個兒的大布包拿起來放在頭頂上想擋雨，卻忘了包包裡一路上撿來的十多顆蘋果。

就在我舉手往頭抬、不到一秒時間的小動作裡，蘋果兒們全離開了我的包包，骨碌碌地掉到地上，一瞬間便順著雨勢、順著棵棵交錯相間的蘋果樹，各自滾到它們想流連落腳的地方——以布包擋雨的點子除了讓我失手了十多顆紅蘋果，最後我依然被雨淋得全身溼答答的，如落湯雞般不堪。

依著慢慢變小的雨勢，我找到一棵比我高過三個頭的大蘋果樹，想說應該可以躲一陣子再回家，只是才剛找到樹底下最適合躲雨的角落，便有兩顆蘋果連著直直掉了下來，大的打到我的頭，小的順著肩膀咚了一下滑到我腳跟旁。說來好笑，被蘋果打到頭時，除了直接反應大叫一聲外，更慚愧於自己當蘋果大盜那麼豪邁地撿了二、

放手就是一種珍惜

德國法蘭德斯畫派[1]的畫家們，在繪出繽紛花朵與幾可亂真的靜物畫中，總還會畫個骷顱頭與時間沙漏等，提醒世人：美好易逝，時間滴答不等人；或是在美好的風景中畫上斷垣殘壁的廢墟景象……凡此種種荒蕪與繁盛的對比，正是自然的無常與恆常，而我們學會調適心靈與面對執著的愚痴了嗎？師從自然，學會欣賞自然更迭，學會接受自然的日升星沉；瓜熟蒂落，生命總不會默默消失的，我們是否學會放手，從而積極珍惜所有生命中的福分與人事物？這樣的道理不分國家與種族，人人都應努力學習以昇華自我靈性，生命才能走向它的真、善、美。

三十公斤的野生蘋果。這還是我第一回感受到，蘋果原來這麼硬！而那一顆掉落在腳跟旁的蘋果，被雨刷洗得好紅透……

> 看著雨水一滴滴散落在蘋果身上的痕跡，像是在告訴我：對於生命中的美麗風景，或許有時候是該學習試著欣賞它，卻不將之占為己有。

如果不是一場大雨，我想每一回我進入蘋果森林的神情，大概都是那副賊兮兮的貪心樣，總想在看得到的任何地方挖盡我所能圖利之處。也許是該好好謝謝這場雨，讓我慌慌張張的心可以靜下來，就當個大自然居所裡的臨時訪客，不要過分打擾了天地間神聖的音律。就像先生叮嚀我的那一句：「就讓它們去吧！」撿自己需要撿的，但不要讓貪心過了界；滿足我已經享有的，而那些更多的美好與福分，就該留給其他人及那片土地了。

1 十五世紀時由楊・范・艾克（Jan Van Eyck）所開創的法蘭德斯（Flanders）畫派，開始將各種人、事、物置於真實環境的光影之中，這個畫派的畫家都喜歡描繪自然景物，也頗愛在畫中加入寓言說理的成分。

世上真正的美味

老婆婆們跟我說，她們倆種蘋果主要是為了朋友跟家人們的健康，朋友們吃了她們種的蘋果後，就再也不買超市裡賣的蘋果了。老婆婆的朋友都笑說：「這世上真正的美味就屬這一味了，它是老朋友們有情、有心種出來的好蘋果滋味。」

自德語課下課回家的路上，第一次經過老婆婆家的蘋果園，這天，我終於正大光明地登門拜訪了。一入園，先是看到一株高大的核桃樹，樹齡將近有一百多年，老婆婆們告訴我，這是父親留給她們的傳家寶，核桃樹跟有機蘋果園年齡是一樣的。看她們倆七十高齡忙進忙出，一下翻土、一下爬上高腳木架採蘋果，忍不住開口問會不會太辛苦，她們爽朗地笑說：「不會啊！種蘋果給親朋好友吃怎麼會辛苦？大家吃慣了我們種的天然有機蘋果，吃上癮了，再也不買一般超市的蘋果。」

搞了半天，我才恍然大悟，原來這裡的蘋果超市買不到、有機農社買不到，也不是現場摘採的觀光果園，她們倆種蘋果主要是為了朋友跟家人們的健康。老婆婆的朋友都笑說：「這世上真正的美味就屬這一味了，它是老朋友們有情、有心種出來的好蘋果滋味。」兩位老人家的有機蘋果講求自然沒有特殊包裝，常常都是以回收的環保紙袋分裝，買蘋果的親友們也會自行帶環保袋來裝。

老婆婆說，吃東西要知道食物的來路故事才有樂趣。

我問老婆婆們，她們倆賣的友情蘋果總該有個友情價吧？可不可以透露一下一斤多少錢，下一回我也可以介紹朋友來這裡買，老婆婆們一邊手裡忙著摘蘋果，一邊憋著嘴笑。

「心情好時就跟朋友半買半相送，但如果碰到不識貨、為了蘋果長得醜就跑來跟我們計較東計較西——對那些『看不懂什麼是好蘋果的人』，我們倆就會一顆一顆很認真地跟他們算錢。」

兩位老人家賣蘋果的哲理聽起來很有趣，不過，我還是好奇地繼續追問，為什麼她們的蘋果不加入BIO有機認證？老婆婆們一聽，笑得更大聲了，她們說：「認證可不是我們這些小型有機農做得來的，要加入協會參加認證可是要花很多錢的啊！那些貼上了標籤、有認證的有機產品，到底有多少是貨真價實的有機？

我們倆一輩子都在種蘋果，這十來棵的蘋果樹各有自己的個性，有一些可不是每年都開花後一定結果，有一些結的果可能會少一些，總需要我們倆輪番喊話！為它們加油打氣，隔了一年，小子們才會勇敢地長出超大顆的紅蘋果來回應我們。

欸……賣有機吃有機這件事哪有大家想的那麼簡單！付了一筆錢認個證、蓋上一個戳章，有機的蘋果就會自己活跳跳地跑出來哦？還有，有機的土地還需要不定期的休耕跟翻土啊！」

「仔細想想，休耕的時候哪來有機蘋果可以吃啊？真正要吃有機的人，一定要對所謂的有機自然生態有相當的認識，才不會輕易地被市場上的遊戲規則給牽著跑啦！話說回來，我們對賺錢這件事也沒有反對啦！但還是不能違背父親傳給我們倆的自然農法才可以。」

老婆婆們一生所奉行、由父親傳承下來的自然農法，出自於耕種者對土地、對人們的一種信念：

一個尊重土地、友愛他人的農夫，不會使用農藥來殘害地球與人類，而是以愛為中心，尋求最健康、最合乎自然的方式來為他人服務。這個理念應用在：維護乾淨無化學汙染的土地；堅持不使用除草劑、農藥、肥料等化學物質；園裡大量利用森林裡的自然產物做堆肥，如枯枝落葉、果皮果粒等。

近五十多公斤的廚餘被置放在園內的廚餘槽，經過一段時間之後變成有機肥料，就是蘋果樹最天然的養分。老婆婆們邊跟我分享自然農法的理念，邊順手摘了兩顆蘋果要我馬上嚐嚐，她們表示，別看蘋果長得不漂亮，嚐起來可是相當美味。

跟著老婆婆們忙了一個下午的採收工作，終於在黃昏時告一段落，在我臨走前，她們倆遞給我兩大袋的蘋果，說是很開心認識我，要用這蘋果來跟我做朋友。

我一個人拎著兩大袋的蘋果步行回家，一路上心頭暖暖的，袋子裡那紅咚咚的蘋果讓我想起那一句她們告訴我的話——

「吃東西的人如果不清楚東西的來路故事是很可惜的，因為那樣我們根本無法體會『吃東西』的樂趣。」

春天的蘋果樹開滿了白色的花朵。

花果落地化為春泥，更護果

德國人在花園裡隨著時序，依次種上不同時節綻放光彩的植物；果園中，各種果樹開花結果，花果落地化為春泥，更滋養了果樹。生命就是如此豐富多彩，日以繼夜循環不斷，無法阻擋與停頓，即使我們投注了所有時間和感情，依然隨著四時替換而每日改變，這是大自然的無常與變動之道。於是，習於自然與泥土者，學會等待與放手，日出而作、日落而息，雲霧化為雨，再化為霧靄，明日又是今日，一切不斷地往前……面對改變，只能自我心靈尋求調適，因應自然之道，學會信任改變。

鳥事當大事

鳥事雖是小事，但要成就大事，都是先從小事做起。鳥事雖是小事，但要自然永續，就必須先從關心鳥事開始。

來德國第一年冬天，在公公婆婆家的陽臺及花園各發現了兩間小鳥屋。好幾回，我坐在客廳，看著外頭公公用木工做成的鳥屋，心想：「鳥屋或許是用來妝點整個房子，好讓它看起來有些鄉村氣息吧？」一天吃早餐時，陽臺上的鳥屋飛來了一隻手掌大的小鳥，婆婆見狀馬上招呼大伙兒往鳥屋方向看，我們不約而同停下嘴裡的食物，動也不動，目不轉睛地看著那隻小鳥。

我們都怕一個小動作就會驚動小鳥飛離，過了五分鐘，牠看來應該有吃到食物，家人們的早餐才又再繼續下去，但接下來的話題就全繞在鳥屋上頭了。公公告訴我，德國的氣候冷冽，所以每年冬天，鳥兒們要在零下十幾二十度的低溫環境之中找到食物，是相當困難的一件事。

在陽臺蓋鳥屋、在鳥屋裡放糧食，目的就是希望在寒冬裡，鳥兒們能進來鳥屋休息、補給一下糧食——填飽肚子，才能在這冷冷的冬天存活下去。

一向熱衷於園藝工作的婆婆也跟我提到，家裡的花園想要引來更多的鳥類，可是有一些關鍵小訣竅的，例如種一些攀爬植物與向日葵。此外，花園裡必須保留一些野生的植物花草，再設計個小水塘、廚餘設置等。

看公婆為鳥兒花了這麼多心思，我開口追問為什麼德國人這麼重視鳥類？婆婆回答我說：「要讓我們賴以生存的自然資源長久保持平衡與健康，鳥類可是扮演了相當重要的角色！」在維持自然界的生態平衡和穩定性上，鳥類的重要性大得超乎想像，很多樹皮下和果實內的害蟲，都可以被鳥類一一啄食掉；以花蜜種子為食的鳥類，穿梭飛於花叢之間、啄吸花蜜的那一刻，就開始了傳播花粉的作用；以植物種子為食的鳥類，則有助於樹種的擴散，對植樹造林有很大的貢獻。

聽公公婆婆談了這麼多關於鳥的重要性，我終於懂得德國大片大片的森林綠意與自然界的豐富生態，功勞真該數算在德國人為鳥類與自然默默付出的用心。知道了鳥事與鳥屋間的來龍去脈後，不管到哪裡，我都更加留心地東張西望，到處搜尋不同的鳥兒與鳥屋，也開始花時間去了解更多鳥事。

說到鳥屋的類型，就我目前所了解的，大致上分為兩種：一種是開放式的鳥屋，主要是提供鳥兒進食；另外一種為密閉式的鳥屋，但有一小洞口在鳥屋上端，是為了讓鳥類能在裡頭築巢產卵，鳥屋上的洞口依鳥類大小設計，圓徑從五公分到二十五公分不等，恰好給了大鳥、小鳥一處得以安心待產的臨時住所。

讓鳥兒們四處都有小家可休憩、有食物可享用的想法，在我住的這個社區就像是一項普及的市民運動。離家不到十公里的兩家幼稚園外頭，整齊有序的樹上掛了幾間鳥屋；沿著鳥屋旁往周圍的住宅區走下去，還可以發現更多。尋找鳥屋於是成了我探訪德國人故事的線索之一……說來好笑，很多時候我臨時起意的鳥事出征——拍攝、尋找鳥屋，都是在大人們不在家的上班時間，跟我聊天的都是下午沒課在家附近玩耍的孩子們。有一個小男孩跟我說，他們家花園的鳥屋是他和爸爸一塊動手做的，只要鳥屋內的食物沒了，他就要負責將新的鳥食放進去。他們在客廳吃早餐時，鳥屋常常會飛來臨時的訪客，而熟知鳥類生態的媽媽就會跟他分享鳥兒的名字與習性。

還有一天，我在老社區推著嬰兒車帶著恩典散步，行經一戶有著五彩繽紛小花園的住家，小花園旁有一棵中等大小的樹，正當我好奇地看著樹梢上的鳥屋，屋內的主人——一位老奶奶透過落地窗向我點頭笑了笑。我用手指著那高掛的樹屋，邊比手畫腳邊傻笑。老奶奶可能看不懂我的肢體語言，乾脆從落地窗後走到我旁邊跟我聊了起來。老奶奶說，她樹上掛的鳥屋，是跟學校買來的。

在德國的中學，十歲左右的孩子都必須選修工藝課程，木工工藝就是其中一種。選修該課程的孩子們，都有機會親手釘做一個鳥屋，等到鳥屋作業完成後，一般民眾可以跟學校買這些鳥屋，校方則會集結這些購買鳥屋的錢，捐給相關的自然基金會。

另一段「鳥事當大事」的佳話，則是發生在杜伊斯堡（Duisburg）。有位專攻鳥類保護的老師，為保護瀕臨絕種的白腹毛腳燕（Mehlschwalbe）順利繁衍，顧及到牠們不容易找到溼地的泥巴築巢，於是帶著學生一起做了兩個泥巢，希望白腹毛腳燕的生命大任能繼續傳承下去，只不過泥巢屋要放置的地方實在太高，最後還請救火隊的工作人員幫忙，搬出了救火梯才順利將這件事搞定。

木工鳥屋的作業，讓孩子從小開始學習為大自然盡力。

我住的這個區域因為是老社區，到處都有樹齡百年的老樹，光從我們家陽臺看出去，就有四到五棵不等！這群樹中有兩到三間鳥屋，其中有一間從我臥室的窗口往外望正好看得到。我每天一早起來做的第一件事，就是拉開窗簾、抱著恩典杵在窗旁，一同看著鳥兒飛來又飛去、三五穿梭進鳥屋覓食的畫面。鳥兒給恩典的自然啟迪就這樣每天一點一滴的潛移默化，後來我在家餵他吃東西時，只要外頭的樹上有任何小鳥飛來的動靜，他馬上就會開始東張西望，好奇地尋找鳥兒的身影與蹤跡。

關心動物其實不需要專科專業，只要願意去了解動物的習性與知識，就有機會成為守護生態的一分子。德國人將鳥事當大事，或許是因為他們深深懂得，人生裡有些事很小卻足以讓人常常快樂在心頭。鳥事雖是小事，但當我們開始不再關心發生在周遭的小事時，團團轉忙昏頭的人生裡，將會發生或失去更大的事……

德國優勢

寧願不蓋機場，也不可毀掉鳥兒的家園

德國人明文規定，嚴禁春夏之交私自割除剪短庭院中橫生的藩籬枝幹，因為這時候正是成鳥築巢餵養幼雛之際，必須保護鳥兒不受到打擾。在北萊茵邦門興格拉德巴赫（Mönchengladbach）的機場造建計畫，當地環保團體與居民們除了是為了破壞鄉野景觀、噪音擾民、環境變異而反對，還有一個理由就是：蓋機場會砍掉很多樹，沒了這些樹，會使許多小鳥無家可歸——鳥事竟然還成了影響城市都更發展的大事呢！

路邊的野花可以採

德國人這一種「路邊野花可以採，但憑良心來買賣」的賣花哲學，給了我很多的衝擊與思考。農地的主人們哪裡來的這種對人性的高度信任？而採花買花的過客們雙腳踏進無聲無息花圃間，沒有農地主人看家護花，那種可以被信任的心情，是否會引發更多人們的自覺良知？

我跟婆婆都很愛花，嫁來德國的第一年秋天感冒在家，婆婆特意從自己的花園裡摘了各式各樣的花，細心地插在花盤裡，要先生帶回來送給我。那一回後，我們倆就成了一對花花婆媳，常以花互贈對方。夏天一到，到婆婆家的路上總會有很多公路花園，在公路花園摘五顏六色的劍蘭，成了我滿心期待能送給婆婆的小驚喜。

還未當媳婦前第一回拜訪婆婆，婆婆因為知道我非常喜歡花與大自然，自是熱心地招呼我跟著她去後花園瞧一瞧，園裡四處開滿了和我一般高的各式玫瑰花種，置身繽紛花海彷彿讓人掉入童話的美景裡。就當我正深深沉醉在陶陶然的氛圍裡時，婆婆突然要我彎下身來，而她，則手拿著刀鏟俐落翻了幾下土，不到一會兒功夫，我腳下的泥土就爬滿了十多條肥滋滋的蚯蚓啦！她告訴我，蚯蚓的排泄物是園藝裡最天然的有機肥料，更是維持土壤團粒之間的生成及穩定作用的絕佳幫手。

蚯蚓的現身，讓我想起自然課老師說的：觀察土壤內的各種生物便能得知土地生態的真相，如果土地的蚯蚓減少或消失，就表示土壤生病了。看完蚯蚓，婆婆見我一副好奇寶寶的樣子，又像變魔術般開心地跟我展示兩隻手裡的大蝸牛……婆婆最得意的可不是花園裡那些嬌滴滴的玫瑰，而是園子裡各式小生物的光臨造訪，提供食物來源，形成了自然生物鏈，讓此處成為動物及昆蟲們絕佳的棲息地。

婆婆因為知道我這個媳婦愛花，常常跟我分享很多關於德國花想世界的點滴。還記得有回婆婆跟我提起：在南德，送花有個風俗，那就是將花束送給對方的時候，必須先把所有的包裝紙拆掉，單單握著整束花送給對方。

「要送給對方的是花，不是那些絢麗的包裝花樣，花是主角，包裝紙再美，都比不上花所散發的自然之美。」

話說回來，沒有過多包裝的花束，從買花到送花之間也跟著變得環保又省時了！賣花的商家只需要簡單用紙保護一下，讓花束在運輸過程後能完整送到收禮人的手中就行了；另一方面，沒有塑膠包裝紙的大量使用，買賣雙方都實踐了環保，也省下了彼此的荷包與時間。

仔細算起來，這樣的送花風俗還真是一舉多得的互惠交易！在德國想要買花，除了到花店、花市，還有另一種選擇——婆婆跟我說的買花好去處，就是公路旁的農地花圃！夏天到秋天是德國的花季，五彩繽紛的劍蘭花、開得比人臉還大的向日葵等，一一被花農們種在自家的農地上。

我的第一回公路花圃行，是在跟著先生開車前往大姑婚禮的路途上。通往博登湖（Bodensee）的道路旁，至少就有十來個公路花圃，這些公路花圃的特色之一，就是花兒長得特別高大、健康又新鮮。

另一個非常有趣的特色則是——買賣雙方以信任來做交易！花圃裡沒有老闆及員工，顧客一切自己動手，選花、看花自個兒斟酌要花多少時間；至於買花的錢，且看花圃入口處旁的小木臺，上頭貼著一張價格指示，買劍蘭要多少錢？向日葵一株賣多少？全都寫得清清楚楚。顧客們只需要在臨走前算一算自己手裡的花有多少枝，再將錢投入農地主人設的錢筒裡就可以了。

第一回發現德國人這一種「路邊野花可以採，但憑良心來買賣」的習慣時，心裡受到很大的衝擊，也不禁開始思考：農地主人為何對人性如此信任？而被信任的人們會因此被激發出更多的自覺和良知嗎？

幾經思考後，我卻又覺得弔詭。因為我的觀點是從過往自己經驗裡的人性出發，沒想到，在一個大多數人民都有相當自我道德要求的國度裡，這種形式的買賣交易行為不只行得通、還是一種很普遍的存在！有一回，我前往黑森林山區踏青，在綠野山坡間發現的一臺賣果釀甜酒的小推車，小推車的主人應該就是住在這山間的某一戶人家吧？竟有人隨性到如此程度，就這樣將自家釀的果酒放在以藍天白雲為背景的山坡旁，任遊客們自行賞酒、買酒。

隨行的臺灣友人看到這臺迷你賣酒車的行銷理念，除了驚奇，更對德國人這種信任買方人品的善良讚賞不已，像這樣不是先想到利益與錢，而是倒過來將對人性的信任擺在前的交易，讓我有生以來第一回體會到「買賣」的寬度與廣度。

誠實自重，比貞操更重要

誠實與自重是德國人相當驕傲的民族性，他們將此看得比自己的貞操還重要。德國人幾乎不懂得撒謊，最好別讓他們做說謊的事，不然一定會漏洞百出。他們搭公車多半不會查票，因為德國人相信，大多數的人都是誠實自重的，不會騙人；少數人的不自重，只會自取其辱。就是因為德國人相信人要被尊重才會自重，讓社會因互信而更開放自由。所以囉！如果你有欺騙的記錄，不管你能力多好，可能都無法說服他們與你合作，或與你建立互信基礎。

▎往博登湖公路旁的自助型花圃。
▎如果不靠近一點看，會搞不清在黑森林的山坡地上怎麼會莫名出現一臺迷你小車。
▎湊近一看才真相大白，某位山區主人家的自家果釀酒在山坡上以自助方式販售。

快樂的母雞，健康的好蛋

Pank先生自家庭院前的大草皮上，一大群結隊覓食的雞隻們，終日在鄉間逍遙漫步。只有在冬天雪季，牠們才會待在密閉的環控雞舍裡，春、夏、秋則都在戶外開放的田野自由活動——唯有快樂自由的母雞，才可能孵出健康天然的好蛋。

投身BIO有機畜農工作近二十年的Pank先生，在未投入農場工作前，曾經於報業擔任過多年的體育記者。Pank先生的祖父與父親終身都在波蘭務農，他說當記者的生活多采多姿很有趣，不過，或許是因為自己畢竟流著家族的血吧？那份熱愛自然、喜好農務的基因，讓他在外面闖蕩了一圈之後，還是又回到家族裡，選擇自己最熟悉的有機農業來發展。

位於羅伊特林根（Reutlingen）近三十公頃的Olaf Pank有機農場，土地是Pank先生向羅伊特林根市政府承租的。望著這經營了二十年的農場，眼前盡是遼闊的綠意田野及山坡地。裡頭所飼養的牲畜以乳牛、雞隻為主；所謂有機飼養，就如這裡的天然生長環境，乳牛在大片的山坡地上吃天然的牧草，而不是飼料槽裡的人工飼料。

Pank先生的有機農場除了以有機牛奶及有機蛋為特色之外，他利用沼氣來發電這件事，可算是有機業界中眾人津津樂道的學習目標。Pank先生跟我說，自「再生能源法」於西元二〇〇〇年四月一日正式立法並實施，德國政府就向Pank收購電力——這項法律大大地鼓勵民間相關產業投入再生能源的開發。

就在那時，Pank先生趁著這波興起的綠色效應，日以繼夜花了好多年，成功地研發開創沼氣發電設備，其中最棒的是，沼氣發電的主要材料全是再生利用的廢物，像是農場的牛糞與雞糞、蘋果園的農產廢棄物、有機蔬菜園裡腐爛的葉菜葉梗等，這些廢棄物會先進入儲存槽裡進行長時間的發酵，之後再送入沼氣槽內化為沼氣能源，最後以此沼氣來進行所謂的發電工作。

Pank先生農場的沼氣發電，一天大約有一萬度的電力產生。根據本人的估算，每天一萬度的電力產值，一年下來，他所提供的電力剛好可以供給三百戶家庭做為居家用電使用。不過，其中令人相當玩味的是，Pank先生的有機農場並無法為他帶來穩定的收入……

Olaf Pank有機農場所有人力、金錢與時間的成本投入，剛好跟農場賣出有機產品的收入打平，而沼氣能源一年將近七百萬臺幣的收入，支持了他義無反顧投入自家有機畜農事業的經營。

沼氣能源的成功開發，是農場的一個新契機，設備所產的熱能，成了畜牛屋舍裡穩定恆溫系統的主要能源，除此之外，就連Pank先生全家的家庭用電也全都來自沼氣能源設備。因為這個改革性的研發，Olaf Pank有機農場擺脫原有電力系統機制下的龐大電費開銷，不再需要仰賴電力公司，成為完全能源自主的獨立角色。Pank先生致力開發沼氣能源的用心，除了吸引其他有機農場的參訪觀摩外，二〇〇三年羅伊特林根市政府更頒發了「環境再造榮譽獎章」給他。

務農的Pank先生全家，每天清晨六點鐘就得起床，大伙兒集結牛群讓牠們往戶外活動，開始牛群們一整天的野外生活。這裡的牛群除了野放，也加入了現代化的電腦系統，每頭牛的耳朵上都有編號，Pank先生用這些編號來辨識每一頭牛當日的活動情形，做完善的分析與記錄，編號的重要性還運用在那些剛生產的母牛身上——

和一般工廠式畜養的乳牛不一樣，Pank先生農場裡剛生產完的母牛所分泌的牛乳，都是先供應初生小乳牛食用，而不是送到有機商店賣。

而Pank先生自家庭院前的大草皮上，一大群結隊覓食的雞隻們，擁有跟乳牛一樣的同等自由，終日在開放式的田野鄉間逍遙漫步。牠們除了在冬天的雪季裡會被放進密閉的環控雞舍之外，春、夏、秋都於戶外開放式的田野自由活動，Pank先生笑說：「唯有快樂的母雞，才可能孵出健康天然的好蛋。」

說到雞蛋的識別管理，Pank先生特別跟我提到，德國的雞蛋是以0至3的數字號碼做為等級區別，0號是以人道以及有機飼養方式所出產的雞蛋，母雞生長在大自然中，可以自由覓食，而且沒有固定的雞舍，飼料完全以天然為主；1號則代表放牧飼養，但設有固定雞舍的農場生產；2號和3號雞蛋是圈養在固定場所內生產的雞蛋。其中，「0」號雞蛋的價格因為最天然所以最貴，一盒十顆，售價大概二·五歐元左右（約一百元臺幣）。

Olaf Pank農場的有機雞蛋價格並沒有比市面上的BIO認證的「0」級雞蛋貴，十顆雞蛋大約售價為二．二歐元左右。我發現農場內的牛舍旁邊有一間木造小屋，小屋裡放了很多新鮮的雞蛋與牛奶，Pank先生說：「小木屋是二十四小時開放的，客人隨時都可以帶著自己的牛奶瓶或雞蛋盒來這裡採買新鮮的食材。」

我又發現了：木條上一落落的雞蛋旁貼著一張紙，上面寫著一公斤牛奶多少錢、一顆雞蛋多少錢；旁邊的小鉛筒，則是給客人自行數算的結帳處……

我問Pank先生說：「這樣的方式真的行得通嗎？會不會有人就是很貪心，拿了牛奶與雞蛋卻不投錢進去？」對此，他樂觀地表示，大部分會來買有機農產品的人，都對自然環境有一份高度的道德意識，所以不太可能會有那種貪小便宜的心態；即使真的有人是這樣，也都是相當少的。

要是真的發生買東西不付錢這種事，他跟太太也覺得沒有必要去追究是誰，因為他們相信，偷東西的人在吃東西時，會遭受自我良心的譴責。

除了二十四小時專賣新鮮牛奶與快樂雞蛋的小木屋外，Pank先生的農場裡還有一間名為「老城堡有機商店（Hofgut Altebung）」的有機小店。

店裡頭除了他們自家的牛奶、雞蛋、蘋果汁，還販賣麵條、奶製品、豬肉、牛肉、羊肉、香腸、咖啡、蔬菜和果醬等有機食品，因為沒有花俏的包裝與行銷，所以價格通常比一般有機商店販售的有機食品便宜許多，來這裡採購最天然、有機的牛奶、雞蛋以及生菜等的客戶，多半是口耳相傳而得知的社區鄉鄰們。

1	
2	3
4	5

1 ▍Pank先生的有機小商店也賣在地有機農夫們出產的蔬菜水果。

2 ▍Pank有機農場的乳牛每天都有自由的戶外生活。

3 ▍Pank先生與女兒在集奶房工作的狀況。

4 ▍Pank先生一家人與狗狗在有機店前的快樂留影。

5 ▍Pank太太在「老城堡有機店」裡工作。

買得安心、吃得安心，詳細產地資訊一定要

德國市面上販賣的雞蛋，每一顆都有編號，例如2-DE-0505322這樣的號碼，就標示出雞蛋產生的方式是否為有機，產地在哪一邦、哪一城市、哪一農場？是來自於自然放養的母雞，還是關在圍籠內的生蛋雞？藉由編號的品質管控，哪一區哪一地的雞蛋有問題，很快就能追蹤到貨源——德國曾經因為飼料被汙染而發生毒雞蛋事件，人人恐慌，雞蛋滯銷，蛋農損失慘重。

食品安全人人重視，身為消費者，一定會很感動如此詳細的產地資訊，讓人買得放心、吃得安心，這就是政府應該替人民飲食安全健康把關的重要防線，即使再麻煩、再瑣碎，卻是讓老百姓安心與仰賴的基本要素，絲毫馬虎不得。

有機畜農的工作似乎不如我們想像的那般輕鬆，Olaf Pank農場只有少少的六位工作人員，其中還包括了Pank先生的兩位女兒；Pank太太早上在特教學校擔任老師，下午則在自家農場裡附設的有機商店忙進忙出。這裡的有機食品無法供應至外頭的一般商店——光是供應給親自來農場光顧的客人，就早已供不應求了！

時間臨近黃昏五點鐘，Pank先生家的小狗正準備到山坡上去趕牛群回家。在小狗的督促下，不出半小時光景，一百多頭的牛一頭跟著一頭，像學生排隊般乖乖進入高科技的擠奶間，開始進行今天的出乳工作。

採訪結束之前，我邀請Pank先生跟太太還有小女兒一塊兒在他們家的有機商店前來張全家福合照，他說：「皮爾斯夫人，可別忘了我們家的小狗，牠也得一起入鏡才行，我們家那一百多隻乳牛全都只認識牠，牠們不聽我的口號，卻會追隨牠的發號施令——因為這個得力幫手，我們家的有機幸福滋味才得以順利完成。」

再冷也要去森林上學

沒有書本、沒有高科技的多樣化玩具以及現代化教案，離開了一般正規的幼稚教育理念系統，三歲到六歲的孩童個個充滿旺盛的行動力與精力，這樣的一群孩子們前往開闊無邊的原野森林去上課學習。在大自然裡，孩子為了什麼停下他們的腳步？又為了什麼讓他們雙眼閃閃發亮？森林裡究竟是藏了什麼樣的寶藏，讓孩子們一年三百六十五天都不想缺課？

當學習不只是從課本裡獲取片面的知識，而是有機會切身去經驗這個世界，孩子還會覺得無聊嗎？大自然環境教育提倡長時間的戶外生活體驗，孩童們的學習變得充滿活力，對於做為引導角色的老師來說，也可以明顯評量出孩童在幼齡成長期的身心發展狀態。德國森林幼稚園與一般幼稚園最大不同點在於，孩童在原始森林裡多樣化的冒險與探險，自然的色彩、溫度、氣味、四季變化、聲音、風速與光線……森林變成了活生生的教科書。

森林幼稚園在零下五度的雪季仍每天照常上課，帶我參觀森林幼稚園的Reiner先生表示，孩子們只要穿著在雪季裡可以保暖的衣服，就算在戶外活動幾個小時，也不會有問題的。更何況……

自然是森林幼稚園孩子學習成長的基底養分。

好動且精力旺盛的孩子們幾乎沒有一個想待在鐵櫃屋裡！

放眼望去，雪地裡孩子們滑雪撬、堆雪屋，玩得不亦樂乎！廣大的森林地資源豐富，在這裡，吸引孩子停留的可不只是玩耍……

各類野生動物看得到也摸得到，除了接觸大量樹種和昆蟲，還有機會學習騎乘馬和驢子。Reiner先生笑著跟我說，他女兒比他跟太太更了解大自然，每回一家子到森林裡去時，女兒就是他們全家人的自然百科全書！

走進森林，我們可以見到不同的區塊，有些區塊跟符號、繪畫、色彩有關，在那裡，孩子們會進行戲劇活動；有個區塊是大樹挑戰區，孩子們來到百齡老樹前練習攀爬……森林教案在不同的季節會有不同課程與活動，其中包含了主題性的童話故事，例如矮人、白雪公主，或是其他與自然界季節更替、氣候變化相關的演述。針對不同的故事與戲劇，不同的工具就會在此時派上用場。舉例來說，因故事需要必須建造雪屋或小木屋，就會運用到與建造相關的自然材料，如泥土、雪堆、樹枝等。

孩童發揮想像力共同揉造出來的小小屋，不見得很完美，但每個人之間彼此協力互助並集體創作，親身參與每一個環節活動，這些都讓孩子們在活動中建立了相當的學習專注力。離開了教室裡的課桌椅與板凳，森林幼稚園的學習樂趣讓人乘著時光迴廊機，回到古老時代那個以大自然為師的生活體驗裡。

一項有趣的統計指出，森幼孩童在大自然裡學習爬樹和多樣化的手動創作，他們在手的肌肉發展上明顯穩健許多，這個影響會讓日後的學習握筆習字變得相當容易。

父母可能會很關切森幼課程的衛生教育，其實不用太擔心。在課堂活動期間，老師們相當注重雙手洗滌的儀式，孩子們在活動前後、用餐前後，以及回家前，都需要進行洗手的動作，主要是為了防範「森林裡可能的糞類圓線蟲」所做之措施。或許是因為森幼課程相當重視教職人員的專業衛教訓練，所以孩童到森幼上課因為衛教問題而導致病症的情形很少發生。

接觸大自然的孩子才算擁有快樂童年

德國人鼓勵父母每天都要讓孩子在自然中玩耍，即使半天在幼稚園中度過，另外半天也得待在戶外遊玩，這樣的孩子才算擁有快樂的童年時光。森林幼稚園（德文為Waldkindergarten 或自然幼稚園 Naturkindergarten），雖起自一九五〇年代的丹麥，但德國強調孩子在自然環境中成長，也受十九世紀初德國幼教之父——福里德里希．福祿貝爾（Friedrich Froebel，一七八二～一八五二）的學說影響，福祿貝爾相當強調庭院的自然環境，這與德國幼教學說的薰陶息息相關。

森林幼稚園與置身水泥空調房間中的學習有很大的不同，快樂與否的心靈感受很容易就可以得知。有快樂的童年才有一生充足的養分，心靈的自由體驗與成長也不是金錢與消費價值觀可以取代的，為人父母不可輕忽孩子的童年，一輩子只在溫室中成長的花朵，很難歷練出面對挫折與挑戰未來的生存能力。

▍零下五度的雪季仍每天照常上課，孩子們在雪地裡玩得不亦樂乎。

▍在森林幼稚園，自然裡的色彩、溫度、氣味、四季的變化、聲音、風速與光線，讓森林變成活生生的教科書。

▍鐵皮貨櫃內，老師正在為孩子們進行靜態的說故事與歌唱課程。

森林幼稚園在德國有七百多間，森林幼稚園帶給孩子們的自然體驗課程，得到了許多家長的高度肯定，然而相對的，也有許多家長持反對看法。具實驗性的森林幼稚園給家長帶來的顧慮是：孩子們上完了三年森幼課程可以變成一個自然小科學家，可能比一般孩童更懂得天文、地理與自然環境，但孩子六歲時必須進入正規小學系統，此時他們已經過了三年完全的自然學習經驗，在融入一般制式化的學習環境時，可能會調適不過來。此外，老師教育孩子的方式也和過去完全不同，當孩子的課業程度趕不上其他同齡的小朋友時，家長可能需要在這個轉變時期，比一般家長花更大的心力與時間來協助孩子的學習差異。

世界上第一所森林幼稚園出現在一九五〇年的丹麥，由Ella Flautau這位家庭主婦聯合了社區裡的父母共同組成。這一群森林幼稚園的拓荒前輩，希望三至六歲孩童們所

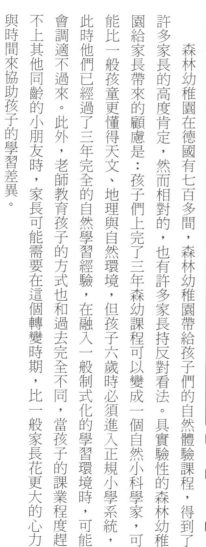

獲得的生活經驗，是從森林大自然環境裡取得，而非一般制式的教育系統。我們或許可以這麼說，森林幼稚園的誕生為新世紀教育工程，注入了另一個多元不同的價值學習經驗。

至於究竟該不該讓孩子上森林幼稚園，就讓我們回到森林幼稚園的發起原點來重新思考吧！

Part2

幸福・在家裡

打造每天都想回去的樂園

- 惜物如金的減法幸福
- 每天回家吃晚餐
- 幸福的條件是什麼
- 俐落風雅的傳統菜市場
- 當老爸回家當奶媽
- 不缺席的媽媽真偉大
- 十八般武藝樣樣行的家庭主婦
- 孩子可不是紙糊的
- 衣服不要曬在陽臺上

惜物如金的減法幸福

老桌子與德國人之間存在著一種相同的精神價值——將「珍惜」當成家庭教育最基礎的開端，當孩子們看到父母親如此惜物，學習到的就會是：即使有錢也不亂買東西。讓孩子們從小就懂得過一種「減法幸福」的生活吧！

還未定居德國之前，我對德國的印象也跟大部分人一般，大多是從媒體或曾在德國留學、旅遊過的友人口中來窺探這個民族。直到嫁到這個國家，真正融入當地的生活，總算讓我有機會近距離地去觀察日耳曼人日常展現的文化風貌。德國人除了那份守時又守信用的處事精神十分了不起之外，在居家生活裡，他們惜物如金的態度更是讓我由衷敬佩。

那麼，究竟什麼是德國人惜物如金的精神呢？且讓我說一個老桌子的小故事給大家聽聽吧！

公婆家有一張原木的餐桌，已經有五十多年的歷史了。根據公公的說法，這張老桌子是我先生與他的姊姊、弟弟從小到大一塊兒吃飯、爸媽帶著他們一起做作業的重要地方，也是晚上全家人不看電視一同玩智力遊戲的歡樂場所。一直到孩子們各自外出就學就業，公婆才捨得換張新買的餐桌。不過，老桌子並沒有功成身退，公婆將它收在頂樓的儲藏室，後來我跟先生結婚，有了我們自己的小家庭，這張老桌子又變成了我們家的餐桌。

老桌子一開始住進我家的時候，我並不知道它的背景與故事，直到先生告訴我那些好久好久以前。從那之後，我跟老桌子的感情就起了變化，也開始去數算家裡有多少件大大小小的東西都跟老桌子一樣來頭不小……

木頭五斗櫃是公婆的老友送的，材質是原木，年紀有六十多歲了；客廳裡新穎的紅色躺椅則是公公給的，看起來像剛用沒幾年，想不到也有三十多年的使用光景。

公婆的惜物如金，可不只表現在傢俱上，我的婆婆對保存東西很有辦法，許多她

▍親愛的公公婆婆，他們親身為我示範了惜物如金的德式生活哲學。

▍婆婆引以為傲的百年歷史嬰兒床，可愛的小孫女已經是第四代主人了。

▍這張老桌子跟我們搬了三次的家。

賺得的一塊錢不是錢，省下來的一塊錢才是錢

經過二次世界大戰，德國人扛下戰敗國的大筆賠款，歷經嚴重的通貨膨脹，獨自承擔東西德合併後的龐大建設資金，在今天的國際金融版圖中，既不是國際貨幣基金（IMF）的紓困對象，也不是如「金磚四豬」般拖累歐盟財政的國家，反而在歐盟居於中流砥柱的地位。其中的重要原因，除了勤勞負責的德國人民面對經濟重擔依舊咬牙苦撐的堅毅民族性之外，他們對於愛物惜物的觀念是極為值得稱許的。德國人會說「賺得的一塊錢不是錢，省下來的一塊錢才是錢」，極為保守的理財觀念讓他們安然度過舉世譁然的金融風暴，依然在歐盟金融體系中承擔重責大任。

給我兒子穿的衣服，其實都是先生小時候穿過的；她給嫂嫂女兒的嬰兒床，從婆婆的奶奶傳到現在給小孫女睡，已經是第四代了，婆婆每回跟我提到那張嬰兒床總是相當的引以為傲。

德式家庭的惜物如金，可不只在我們這一家，生活周遭的親朋好友也是有過之而無不及。老實說，大家並不是沒有經濟能力買新的東西，只是這種將物件好好保存、珍惜使用的習慣，已是許多德式家庭基礎的生活精神。

有回我的好朋友Sandra邀請我去她家作客，當我坐在她用心擺設的餐桌前，看著豐

盛的晚餐、正準備開動時，她一開口竟不是向我介紹一桌子的拿手料理，而是滔滔不絕說起奶奶留給她這張百年歷史老桌子的典故……

老桌子與德國人之間，似乎存在著某種相同的精神價值，那就是將「珍惜」當成家庭教育最基礎的開端。當孩子們看到父母親如此惜物，他們學習到的就是即使有錢也不會亂買東西，它讓孩子們從小就懂得過一種減法的幸福生活。

雖然跟我們搬了三次家的老桌子可能趕不上潮流，但它卻可以跟著全家人，在時光的長廊裡譜寫他們共有的生命詩歌！

每天回家吃晚餐

德國人回家吃晚餐的習慣，我算是受惠者之一，從不愛下廚到做了老婆、當了媽媽之後，我也開始變得像德國女人那樣，想要為家人的健康好好煮一頓飯。不久前，我跟自己做了一個約定，一個星期要學會一道新菜單，這是為了先生上班要帶的愛心便當，也是為了讓我的孩子長大以後，能像我學生時代那樣，在放學回家的路上，就滿心期待著媽媽今天會煮什麼菜……

回家吃晚餐這件事，我的印象大都停留在學生時代放學回家，媽媽親手煮的美味晚餐。北上工作後，晚餐變成下班後在宿舍或公司附近隨便找個自助餐店或小吃攤填飽肚子。臺北的都市工作生涯，讓回家吃晚餐慢慢變成一件遙遠且陌生的事情，一直等我來到德國，那幅家人們坐在一塊兒吃晚餐的畫面，才又重新鮮活了起來。

在德國，絕大多數的人在家吃晚餐，主要原因是德國物價高，昂貴的外食讓許多人不願輕易在外用餐。臺北的一頓自助晚餐再貴，一百元臺幣就可以吃到很撐，但是德國的一份簡單晚餐（通常為一份主食如馬鈴薯或德式麵條，外加一份肉），就要花上六至八歐元（臺幣二百五十八元至三百四十四元不等）。如此高昂的消費，讓大部分的人都養成在家吃晚餐的習慣。

夏日在陽臺吃晚餐總是浪漫優閒的。

早期傳統式的家庭，家庭主婦必須料理三餐，通常午餐是最豐富的，先生跟孩子都會回家吃午餐。到了六點至七點的晚餐時間，反而吃得相當簡單，以冷食為主，如沙拉、德式香腸、起士、啤酒。記得有天我上完瑜伽課，時間是晚上六點半，行經市中心時已是一片寂靜，街道上只有一些零星路人。徒步回家的路上，經過的住宅社區裡每一戶每一家都是溫暖的冉冉燈光，透過窗戶隱約看得見大伙兒正圍坐在餐桌前享用美味晚餐，這一幕德國家庭晚間歡聚的景象，自此刻印在我的腦海裡，不曾褪色。

隨著現代德國女人跟男人一樣開始上班，每天三餐的生態也有了一些小變化。過往家庭主婦料理的豐富午餐漸漸傾向以方便為主，從家裡帶便當、或到外頭吃個硬麵包夾香腸肉片就解決一頓。也許是因為午餐簡單，晚餐的重要性反而提升了！現在，回家煮晚餐、吃晚餐這件事儼然變成德國人與家人歡聚最重要的時光。

德國人做任何事都要有周詳計畫的習慣，在料理一頓晚餐上也不例外。

德國家庭主婦們一週上一次超市，口袋裡總會有一張採買的清單，她們的腦子相當清楚，一個星期每一天需要的食材有哪些，錢又該花在哪些刀口上……

德國女人們對於料理和家庭的態度，其實並沒有隨著摩登時代穿起高跟鞋、當起上班族而有太大的改變。超級市場裡一手抱著孩子、一肩背著剛採買十多公斤食材的，常是這些強韌有力的女人。

德國人晚餐都吃些什麼？以南德的家庭來說，最常見的就是德式刀削麵搭配燉牛肉片，再加上清爽的沙拉；或者是以洋蔥與酸奶酪做成的洋蔥糕餅，偶而還可以來道可口營養的番茄義大利麵。德式的晚餐時間，每個人都可以為這一餐動動手，媽媽在廚房料理的時候，先生跟孩子就可以先將刀叉、盤子就定位，做為餐桌配角的溫暖燭光也一定不能少。

回家吃晚餐囉！大伙兒各就各位，享用晚餐時間，也與家人分享一天生活下來的點點滴滴。

晚餐上菜囉！每天一個小時與家人共享晚餐的交流時光，看似很短，卻有可能讓父母親更了解孩子們每一天的成長變化。

每天一個小時的晚餐時間，也許對置身都會忙碌工作的人來說太奢侈，不過對於懂得經營家庭生活的德國人來說，卻是一點一滴在為他們的幸福存款增添利息。

為了回家吃晚餐，晚上不應酬

尊重個人的家庭生活，既是企業道德，也是對員工的基本尊重。晚上因為生意而要應酬，在德國很少發生，因為家庭生活最重要。晚餐不一定要多講究，但氣氛不能少，即使只是硬麵包配上醃製小黃瓜，也別忘記點上蠟燭、插朵鮮花。

幸福的條件是什麼

我曾經以為，有一份喜歡的工作、一份不錯的收入就能為自己創造成功、帶來幸福，直到我離開了臺灣，住進不同文化的國度裡，建立起屬於自己的德式家庭，才第一次真正感覺到自己的幸福快要發芽——因為我開始學會，家是一個需要愛與溫暖去灌溉的地方，而這需要更多紮實的學習才能成就。

在孩子出生前，我在德國的生活大都是以上德語課和寫稿採訪工作為主，隨著恩典出生，我的私人生活完全被一個小嬰兒占據了！還記得孩子出生後的兩個月，我跟大部分媽媽一樣，有許多慌張與不知所措，不過因為全職帶恩典的關係，讓我愈來愈熟能生巧，開始懂得他生活的節奏與需求。

現在的我愈來愈享受當媽媽的樂趣，剛滿五個月的恩典，已經會爬行、會翻身，會自個兒拿奶瓶，還會裝咳嗽聲引來爸爸媽媽為他唱兒歌。一個五個月的小娃兒，像是一只充滿了一百度電的小電池，每天精力旺盛得不得了。能看著孩子成長變化，是上天給父母的生命大禮，不過，我心裡很清楚，在德國，要這樣享受當媽媽的幸福，其實是有許多條件的。

幸福條件第一是我沒有上班，我在德國的兼職工作——寫稿與採訪，只需要花費

▎看著孩子的笑容，陪伴他們的成長，我感覺到自己的幸福也正在萌芽。

我百分之三十的氣力。要是還像以前在臺北那樣，到處參加記者會，常常加班寫稿，回到家肯定累得像條狗，哪來多餘的氣力陪孩子玩？沒有全職工作換來每天充足的體力，可以陪恩典嬉嬉鬧鬧。

條件二得要感謝德國政府。在德國，當一個家庭有孩子誕生，會有一年的父母津貼，父母任一方決定離開職場待在家一年帶小孩，政府會依照他原本的薪資核發一年的津貼。以我的好朋友Steffi來說，她的工作是中學老師，生完孩子後她決定在家一年當全職媽媽，那麼她這一年的每個月所領到的父母津貼，就是她以前在學校任教每個月薪水的百分之七十（約臺幣六萬元左右）；如果是像我這樣沒有全職工作的人，每一個月也可以領到三百歐元（約臺幣一萬兩千元左右）。

這項為期一年的父母津貼，是德國政府為了挽救德國生育率所推出的政策，多少給了小家庭孩子誕生後最基本的經濟保障。

除了父母津貼，還有給孩子的成長生活津貼，孩子每個月可以領到一百六十八歐元——滿十八歲前，都享有這項福利。

幸福條件第三，感謝德國職場合情合理的工作時數，大部分的爸爸們都可以很準時下班，讓他們解下領帶後，還能一手替太太們分擔家務料理瑣事，一手當起超級奶爸，為孩子換尿布。

幸福條件第四，感謝德國隨處可見的無障礙公共走道，讓推著嬰兒車到城裡、郊外的爸爸媽媽們，走到哪都可以暢行無阻。

幸福的條件是什麼？我曾經也以為，有一份好工作、一份不錯的收入就能為自己創造成功、帶來幸福，直到我離開了臺灣，住進不同文化的國度，建立起屬於自己的德式家庭，才第一次真正感覺到自己的幸福快要發芽——因為我開始學會，家是一個需要愛與溫暖去灌溉的地方，而這需要更多紮實的學習才能成就。

工作可以來來去去，想換就換，可是家不一樣……

> 如果一個小家庭發展得健康和諧，那麼它就是療癒支持家裡每一個成員的向上力量，如果一個國家要變得更強盛，那麼就得先為社會最底層的家庭，設想出最完善的福利計畫。

這些看似要花費龐大的福利支持，不只讓更多的女性願意在孩子誕生之後，在家當幾年全職媽媽，給孩子一個完善的初始教育，同時也為一個國家的未來創造了相當高的幸福價值。

沒有時間，寧願不要孩子

德國人重視生活品質，沒有時間，寧願不要孩子。對孩子的投資，國家就是最大的受益者，把孩子視為公產，讓父母好好教養培育孩子，才能齊家治國。

俐落風雅的傳統菜市場

從前在臺灣喜歡跟媽媽上菜市場去熱鬧熱鬧，現在自己當媽媽還是喜歡菜市場的熱鬧氣息。每週三是我跟恩典上菜市場的時間，不光是開心的買菜時間，也是去跟我認識的商家老闆們問一聲好、聊聊小天的交流時刻，當然也想讓恩典在很小的時候，就能感染這一份人與人之間的溫暖互動。

在德國生活，偶而會懷念起家鄉的點滴，臺灣的傳統菜市場，是我經常拾起的記憶。臺灣的傳統菜市場不只可以買到比超市更新鮮的魚肉蔬菜，屬於菜市場裡獨特的色香味、擁擠的人群、攤販們此起彼落大聲地促銷叫喊……這一款活生生的草根生活味，總是令我回味無窮。

跟媽媽講越洋電話時，常問一些我想做的臺灣菜食譜，媽媽跟我說了一長串的做菜步驟後，會不自覺地問：「啊！妳那裡有沒有菜市場啊？我跟妳說的那些食材到菜市場去買就有了！」說來好笑，媽媽常沒意會過來，自個兒的女兒早已遠在德國，不在臺灣了。我跟媽媽說德國有菜市場，跟臺灣一樣都買得到最新鮮的魚肉蔬菜，只不過這回逛德國傳統菜市場的經驗與感受，跳脫了臺灣版的草根味，變成潔靜俐落的風雅。舉例來說：

1▍新鮮蔬果看起來很有生命力。

2▍菜市場的園藝區也是主婦們必逛之處。

3▍傳統市場裡各個品種的馬鈴薯是超市看不到的新鮮美味。

德國人在處理魚肉這件事上，可是非常講究美觀與清潔。

在德國的傳統菜市場裡，賣魚賣肉的老闆們是以一臺包廂車做為開架式小店來營業，隔著通透的玻璃窗，可以清楚看見林林總總的肉類選擇，大致上說來，這些小店的老闆都會將魚與肉處理得非常乾淨，絕對看不到血跡。

說到吃魚吃雞肉，德國人跟臺灣人最大的不同就是，他們在烹調雞湯料理時，會一併將雞骨頭拿掉，因此，享用雞湯料理時是吃不到任何骨頭的。這一點口味上的大不同，我剛來到德國的初期實在有些不適應，我還是喜歡那種喝完雞湯後，啃啃雞骨頭的意猶未盡。說真的，不啃雞骨頭會覺得好像沒有享受到完整的美味。另外，再談談吃魚……

除了少數特殊魚種，德國人在處理魚排或魚料理時，一定會在上桌前將所有的魚刺全清理掉。問婆婆為什麼那麼麻煩，她說吃沒有刺的魚看起來端莊優雅，也不會讓客人們弄得雙手不乾淨，享用美食的客人們只管專心品嚐不也是樁美事嗎？

跟臺灣菜市場不同的是，德國菜市場並不是天天都有得逛，攤販們通常一星期只有固定兩個上午會來到市中心的廣場。菜市場攤販賣的東西大多比超市新鮮，所謂的新鮮，意味的是自耕農販售的蔬菜與水果、開放式養雞場賣的雞蛋、養蜂老爺爺自養自售的蜂蜜與蜂膠、小型花農培植的花花草草、數十種以上的橄欖、主婦媽媽親手烘焙的手工蛋糕等。

從前在臺灣喜歡跟媽媽上菜市場去熱鬧熱鬧，現在自己當媽媽，也同樣愛上菜市場去熱鬧一番。每週三是我跟恩典上菜市場的時間，那不僅是開心的買菜時光，也是去跟我認識的商家老闆們問一聲好、聊聊小天的交流時刻，當然也想讓恩典在很小的時候，就能感染這一份人與人之間的溫暖互動。我的德國菜市場半日遊，有時逛完兩圈、菜都買齊了卻覺得還不過癮，乾脆就找張木條椅坐下來歇歇腳，將恩典抱在腿上一塊兒欣賞市場裡的人來人往。我想，菜市場帶給女人們的不光只是買菜，更像是讓她們走出廚房，到俗世裡去挖掘溫暖人情的小天地。

提菜籃上市場是種風雅，愛家鄉就要上傳統市場

在德國，提著菜籃上市場可說是稀鬆平常的風雅事，不只是主婦們帶著幼兒上市場購物消費，夫妻老伴攜手上市場也是浪漫的體貼情懷。為何在超市林立的德國，傳統的菜市場今日仍未式微呢？傳統市場源自中古世紀的神聖羅馬帝國，當時的君王們特別頒給各城市自由設立市集買賣的權利，所以，這些在市政廣場附近、固定週間擺上半天時光的蔬果市集已擁有數百年的經營歷史。具有鄉土意識的德國人特別愛光顧傳統市場，因為傳統市場的蔬果農產品都是出自本地的農場。為了保護德國農人與鼓勵消費在地農產品，傳統蔬果市集的交易依然熱絡，時有閒暇的德國人總愛走訪當地菜市場，為各角落積極工作生產的農人們貢獻些微心力。

當老爸回家當奶媽

「老爸回家當奶媽」，指的是德國父親們願意在下了班後的家庭時間裡，把握與孩子們相處的每一分每一秒。Macky曾跟我說，感謝新一代的德國男人愛小孩又愛家，她的先生下班回來，即使很累，也一定要陪三個兒子去公園玩、帶他們洗澡、睡前說故事等。孩子需要媽媽也需要爸爸，男人如果只想說賺錢拿錢回家就好，錯過了與孩子培養默契的階段，以後孩子長大了進入青春期，要再去維繫親子關係就已經太晚了……

你對德國男人的印象是什麼？是精彩十足的德國足球賽，還是在啤酒節上大口大口暢飲啤酒的豪爽？有了孩子後的生活，我開始接觸到德國爸爸們，算是打開自己近距離了解德國男人的另一扇窗。

當初自己懷恩典時，跟著先生上了八堂課的產前課程。當時課堂裡有八對夫妻，還記得有一堂課，護產士教導先生們如何幫太太做孕期舒緩按摩，每一位先生都超級體貼，細心地幫老婆大人們做按摩練習。在心得分享時，我開玩笑地說：「德國的太太很幸福，每一位先生都願意放下身段，來為老婆大人按摩。身懷六甲的母親們可以享受當皇后的滋味讓人服侍一下，保證孕期會更順、更幸福。」

有爸真好！因為他可以將我放在他高高的肩膀上，讓我看到這個世界的美好風光。

多年前從公公口中聽來一段老爸回家當奶媽的小故事，他說這年頭男人在家帶小孩沒有什麼好羞恥的。

村裡有位先生為了讓老婆的醫生夢得以如願，辭掉自己在學校的高階職務，全力支援老婆，讓老婆好好在外工作。家裡經濟靠她，他就專心在家帶五個小孩。五個不同年齡的孩子，狀況不一、各有需求，年紀長的需要安排上下課接送，年紀還小的要餵奶換尿布，女人們當媽後本能練出的十八般武藝，這位老爸可一點也不馬虎。他就這樣身負母職，將五個孩子拉拔長大，公公說村裡的人對這位先生都是敬佩有加。

在德國，生完孩子後會有十四個月的父母育嬰假，從二〇〇七年實行到現在，反應相當好。育嬰假期間，公司仍需付百分之六十八的薪資，所以很多人都不願意錯過這個特別的福利，而這個福利也讓很多男人願意留在家當起帶小孩的老媽。

我的好友Steffen跟Corinna夫妻兩人在女兒Maja出生後，協調好如何運用十四個月的父母育嬰假，一開始Corinna先在家帶Maja七個月並親餵母奶，等到第八個月起換Steffen接手，從律師工作變成每天在尿布檯上為孩子換尿布，還要陪哄小Maja睡覺。

問Steffen回家當奶媽滋味如何，他先是大笑說：「當媽最大的福利，應該是每天跟著孩子作息，可以睡好多覺哦！身體會愈來愈健康，而且要追著Maja到處跑，體能也受到了不少訓練。」然而在玩笑話之間，Steffen也語重心長地跟我分享……

如果沒有在家帶小孩，就無法體會老婆的辛苦，一個全職媽媽對小孩付出一切，她的精神壓力是很大的，再加上還要料理家務，老實說比上班還累！正因為這樣，他對老婆更好了，在家當老媽的經驗，讓他可以以同理心體會老婆的辛苦。

「老爸回家當奶媽」，指的是德國父親們願意在下班後的家庭時間裡，把握與孩子們相處的每一分每一秒。Macky曾跟我說，感謝新一代的德國男人愛小孩又愛家，她的先生下班回來，即使很累，也一定要陪三個兒子去公園玩、帶他們洗澡、睡前說故事等等。孩子需要媽媽也需要爸爸，男人如果只想說賺錢拿錢回家就好，錯過與孩子培養默契的階段，以後孩子長大了進入青春期，要再去維繫親子關係就已經太晚了。

當老爸回家當奶媽，德國的產後親子成長課程，早期都是媽媽帶著孩子一塊兒參加，現在八對親子裡頭，常常就有三對左右是爸爸帶著孩子一同參加的。我家附近的幼稚園，也常看到爸爸來接送孩子上下課。每一回推著恩典走在路上碰到同樣推著嬰兒車的爸爸們，除了彼此打聲招呼，我總覺得這些爸爸們的臉上有一種莫名的光彩，那種神韻跟女人當媽媽後的溫柔與堅定很像。原來不管是男或女，當孩子降臨時，那份愛的神聖就是父母眼裡最自然的光芒。

德國男人不只當奶爸，還坐著尿尿

德國新一代男人不只是在當父親的時候顛覆性別角色，很多德國男人，在家是坐著如廁。德國男人能屈能伸，舊社會男人已不是他們模仿的榜樣，新一代男人重新塑造自己，打破刻板印象，調整性別角色，這讓德國男人活得更接近自己，也是日耳曼民族男女均衡成長的一大進步。

1 ▍在德國的親子公園裡，常看到爸爸帶孩子玩耍的景象。

2 ▍Ralf說上班很累，下班還是要開心陪孩子玩，他期許自己是個好爸爸，而不只是賺錢機器。

3 ▍孩子需要媽媽的感性滋養，也需要爸爸的理性教導。

不缺席的媽媽真偉大

去年在一場朋友的生日聚會裡，跟一群德國女人聊起關於德國媽媽的議題，還記得Meli跟我聊到，德國人將養育孩子這件事，當成是一件相當神聖的工作。有個笑話說，如果某位女性生了孩子，過一、兩個月馬上回職場工作，可能會給予鄰居負面印象，認為這是位失職的母親。

這個玩笑話聽起來有點嚴重，但隨著我在德國住愈久，就愈能慢慢感受到德國人多麼重視孩子，好像將孩子的事當成全民的事。

舉例來說，我只要推著恩典出門，路上遇見認識的街坊鄰居們，比起跟我問候，他們更好奇恩典最近好不好；當我推著嬰兒車去看醫生，不需要我開口，總會有熱心的德國人主動來幫我按電梯；在火車站也是同樣的情況，常會有許多古道熱腸的人想幫我推嬰兒車上下火車。

說起德國人對媽媽與孩子的看顧與尊重，真可以說猶如全民運動，這樣的善行熱心，讓我不禁想起Meli跟我說的，德國人將孩子當成是所有人的，那樣的精神代表著，每一個人都想為身邊的孩子們做些事。

德國人認定女人生完孩子後，理應花個幾年時間（一年至三年）親自帶孩子，這樣的觀念聽起來頗像上個年代的媽媽，一輩子只需要好好將孩子與家庭料理好就可以了。面對新世代的德國女性，傳統女性一輩子含辛茹苦養育孩子與照顧家務的角色，也有了不同面向的變化。

有的人在帶了孩子一年後，因為家庭經濟因素而再次回到職場，孩子就送給褓母帶；有的人愛孩子但又想要保留工作興趣，於是選擇在家兼職；然而，也有相當高比例的德國媽媽，在家庭經濟狀況允許下，仍依循著上一代媽媽傳承下來的家風，在孩子出生後堅持自己帶小孩，一直等到孩子三歲開始上幼稚園之後，才以短時間工作的方式慢慢回到職場上。

我曾經問過好朋友Mecky，她的三個孩子需要她在家待上至少五年的時間，這段期間只能專心帶孩子和料理家務，當時的她難道不會擔心自己可能回不到職場、找不到工作嗎？

針對這個問題，她要我想像一下：如果一個家，兩個大人每天都在工作，下了班回到家，肯定很累很累，父母親哪來好心情跟體力陪孩子遊戲玩耍呢？

如果只是為了工作就犧牲掉孩子的成長品質，想必國家的未來也不會有好的前景。

她更補充說道：「為何德國還是有那麼多女性堅持孩子出生後在家當全職媽媽，除了政府提供的父母津貼福利之外，社會上各種因應孩子出生後家庭生活變化而成立的機構，也提供了這個階段最好的支援。」

Mecky認為：身為女性，能夠為了成就孩子的成長暫時離開職場幾年，其實是一段很珍貴的生命歷程，那可是母親才會有的奇異恩典！

就因為成為母親，才能享受著每天被孩子吵，享受著還有什麼新點子能夠讓孩子們眼睛為之一亮而感到興奮；享受著每天被孩子們搞得筋疲力盡，但睡覺前還是忍不住到孩子床前，細細看他們如天使般的熟睡面容；享受著當一個媽媽的甜蜜溫柔，擁抱親吻孩子的小臉永遠都不厭煩……

保險套背後的意義：既然要生小孩，就花時間照養

在生育力如此低下的今日德國，依然有著許多忠於神聖母職的全職媽媽，除了有法律規定可以申請的育嬰假保障之外，許多生小孩且願意照養小孩的媽媽們會說「我愛小孩」、「我當然願意照顧小孩」等話語，這不是玩笑話。德國小孩從小學三年級就開始接觸性教育的課程，一九二六年起，柏林工廠出產大量的保險套產品行銷德國、荷蘭、冰島等地，可說是德國保險套之父——尤里斯．佛羅姆（Julius Fromm）的貢獻。在德國，保險套與避孕的觀念廣為人知，避孕不是只有口號，許多年輕人真的奉行不悖。講究生育自由的德國人認為，真正想要小孩，才會生育小孩；既然生育小孩，當然就要負起照養之責，媽媽也願意因照顧幼兒而在家陪伴至少一年，有些甚至陪孩子到三年，不願缺席與錯過幼兒的成長，所以德國小孩都可以高喊「媽媽真偉大」。

▎在德國，到處都看得到媽媽推著嬰兒車帶寶寶出外散步的畫面。

▎孩子們的快樂不是來自於父母親買多少玩具，而是父母親願意花多少時間陪他們成長。

跟朋友聊著當媽的苦與樂，我似乎可以看見，大家的笑聲與倦容背後，因為愛孩子而生的堅決與勇氣，總可以在自己快沒氣力時小歇一會兒，接著還是跟往常一樣，伸出大大的手緊緊地牽著小傢伙，繼續往成長的路上，大步踏去。

十八般武藝樣樣行的家庭主婦

我在德國認識了一些十八般武藝樣樣行的主婦，覺得她們應該被封號為「生活經營大師」，這些家庭主婦讓我重新認識到：身為一個女人，竟能擁有這麼多不可思議的潛能。

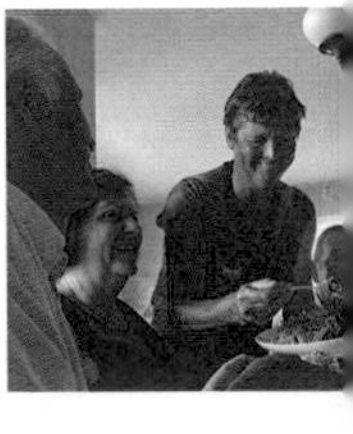

前些年有個家電廣告令我印象深刻，一位穿著俐落的女士去面試，面試她的男士問她的工作專長是什麼？這位女士回答財務管理、活動規劃籌辦、健康管理、時間經理人等，那位男士聽到她一長串的工作經驗，不禁對她刮目相看，一股腦兒想問清楚她到底是在哪個地方高就。此時，廣告的畫面慢慢將謎底揭曉，原來那位女士不在響噹噹的機構任職，所有的功成名就全是因為——她在家當主婦。

德國許多全職媽媽、家庭主婦真的如同那支廣告出現的畫面，不但要把一家子的健康與飲食照顧得好好的；孩子的生日及親朋好友間的聚會，能幹的家庭主婦還會一肩挑起規劃籌辦的大小事；還有如何掌控好家裡的經濟收支平衡、如何將家裡佈置得溫馨又典雅……我在德國認識了一些十八般武藝樣樣行的主婦，覺得她們應該被封號為「生活經營大師」，甚至覺得家庭主婦應該要領薪水，不管是政府相關單位願意給付，或家裡的先生窩心願意給老婆半薪都好。

因為從我自己當主婦、當媽後，才發現這份工作真的比上班還累、還辛苦。

在德國當主婦與媽媽更是如此，因為德國人重視家庭生活，任何事總要親力親為，家庭主婦的生活如果沒有三頭六臂、一顆愛家的心和一雙肯做的手，恐怕很難將家庭生活運作得如魚得水。

在我身邊出現的幾位主婦高手，有些是上了年紀的資深主婦，有些是跟我年紀相仿的媽媽們。

說到資深主婦，年約六十的Fiedgert算是讓我由衷欽佩的一位。還記得我剛到德國那年，第一回拜訪她跟Volker的家，有人說，踏進一個人的家就可以嗅得到這個人的心靈芬芳，我想這句話用在Fiedgert的家再恰當不過了。木屋房子前的花園與小水池充滿了綠意生機，走進客廳，便可以看到淡橘沙發後面、落地窗映照出扶疏浪漫的花園景緻；客廳旁的木桌上，放著Fiedgert親手做的櫻桃派；到了晚餐時間，她又端上另一道拿手的起士焗烤肉醬麵……

還記得那回的拜訪，夜裡睡在散發著木香味道的客房裡，就連熟睡後的夢都是甜美的。隔天享用早餐時，與Fiedgert聊了一下她的過往人生，我才發現：這位還在華德福學校當老師的資深主婦，竟然曾花了十多年時間在家當全職主婦媽媽。家裡的三個兒子全是她細心以華德福教育理念培養教育而成，而當時Volker就安心在外做他的電機工程工作。

當人生走到當媽、當主婦的階段，很慶幸認識了一些對我有正面影響的德國主婦們，因為Fiedgert讓我看到身為一個女人，如何可以擁有智慧與美感將家裡料理得典雅又溫馨，讓進到裡頭的每一個客人都不想要離開；因為我的婆婆讓我看到身為一個女人，可以擁有多麼大的潛能，從花藝、廚藝到編織樣樣行；因為Yvonnean，我看到一個女人如何在孩子與事業間發揮相當的耐力與韌性，每週三天的護士工作外，還可以花大量時間陪三個兒子長大。

寧可當八爪章魚，也不當烏鴉媽媽

衍自德國五〇年代輿論訴諸的母親角色，母職的神聖與不可動搖，全都內化為德國人民根深蒂固的道德價值觀（主要是指德國西部，那時德東還是共產政權），標榜「全職媽媽的小孩最幸福」，假如選擇工作而非在家照顧小孩，就非好母親，普遍以「烏鴉媽媽」（Rabenmutter）稱之。這一套「好媽媽」的價值判斷，左右了德國人的思想行為和許多媽媽的3K尊嚴——小孩、廚房、教堂（Kinder、Küche、Kirche）。

龍應台把德文「家庭主婦」（Hausfrau）翻譯成「好斯服勞」，就是指著社會上這一群家庭主婦們盡心盡力的勤勞身影。每天有忙不完的家事，不只進得了廚房、上得了廳堂，還常是全家族社交與生活經營的重要人物——每位媽媽宛如八爪章魚般遊走於工作職場、家庭生活、孩童學校之間，不知不覺間許多生活能力養成了，執行能力也增強了，人人都有一套安排時間的生活哲學，令人讚歎不已。

因為來到德國成為媽媽、主婦，讓我相信自己身為一個女人，一定也可以像這些德國主婦們一樣，擁有如魔法般的手，慧心料理我的家；擁有智慧與愛，為我的家庭創造每一天的幸福與健康。

▎主婦也叫生活經營大師。

▎Fiedgert一手料理的家讓人一進去就不想離開。

▎Fiedgert與先生Volker在自家前的合影。

孩子可不是紙糊的

就算是下雪的冬天，德國父母也不會將嬰兒一整天都關在家裡！只要替寶貝們套上羊毛做成的毛布袋，再放上嬰兒車，就能像夏天那樣，帶著孩子到靠近大自然的地方散步了。

在臺灣，小嬰兒出生後，有些習俗會認為小嬰兒要滿四十天或是百天後才能帶出門，但在德國可不是這麼一回事。

還記得恩典才剛出生沒多久，公公就特別打電話來囑咐我們，每天都要帶小BABY外出半個小時或是一個小時，讓他可以呼吸新鮮的空氣。

之後，從醫院回到家裡坐月子，公婆來看我的時候，正值七月初的炎炎夏日，我們一家人坐在陽臺吃午餐，恩典也沒被我們排除在外，他就躺在陽臺上的小搖籃裡，跟著大伙兒一起透透氣，享受歡樂氣氛。我的月子還沒坐完，恩典他爸早就等不及，用嬰兒背帶背著恩典每天去郊外散步，像恩典這麼小的**BABY**，如隻小小無尾熊般偎在爸媽前，在德國的大小城市可是相當普遍的現象。

德國人的想法是，家裡有新成員到來，就算很開心，也還是需要找到適合的方法繼續家庭生活的運作，因此，嬰兒背帶幾乎成了大部分父母在孩子誕生前都會採購的重要用品之一。

下雪的德國冬天，可別將嬰兒一整天都關在家裡，只要替嬰兒套上羊毛做的毛布袋，放上嬰兒車後，就可以一樣如夏天時候，帶到靠近大自然的地方散步。問婆婆孩子會不會因此受寒，婆婆說：「怎麼會？孩子就是需要這樣，從小學習適應外在環境的差異，才會變得更有韌性也更有生命力啊！」

關在溫室裡的花朵太嬌嫩，經不起外在任何的考驗，那樣不是愛孩子，還可能摧殘了孩子的生命力。

恩典滿半歲了以後，我們變成用嬰兒車推著他到處趴趴走，取代了原本的背帶。主要是因為那個時候他的體重已經快八公斤了，背著太重，坐嬰兒車就剛剛好，可以坐也可以躺睡，讓身為媽媽的我要上街去買菜或是購物都十分方便。有些媽媽們則喜歡騎腳踏車，就算帶著孩子，騎腳踏車對德國媽媽們也完全不成問題。通常來說，只需要買一臺靠在腳踏車的後方、供孩子們坐的安全座椅或小車箱，仍然可以像往常一樣享受單車的便利。

說到德國父母的育兒經，他們認為養育孩子的前提是——要尊重孩子是一個獨立的生命個體。

所以當我推著恩典外出，每每碰到喜愛小嬰兒的老人家們，他們總半躬著身，彎下腰來，以言語及眼神來與孩子連結，然後……

他們會說孩子可愛、問孩子的名字與年紀，卻不太會看到可愛小BABY就忍不住捏孩子的小臉或親吻，也不會裝可愛娃娃音來逗孩子笑。

等孩子一歲左右開始會走路了，雖然學習走路期間難免會跌跌撞撞，但德國父母不會因為太過捨不得而變得小心翼翼，不敢讓孩子摔。

遊戲公園裡，我常看見德國媽媽們不徐不慌地走到跌跤的孩子身旁，穩穩將他抱起，柔柔地摟在懷裡，用安定的眼神跟孩子說：「跌倒是難免的，因為你在學走路，而這是學走路必經的過程，痛痛也一下子而已，很快就會好。」媽媽的鎮靜話語讓孩子停止了哭聲，當他離開媽媽的懷抱後，又生龍活虎地玩耍去了。

德國優勢

讓孩子充分跑跳動，比學習才藝更重要

德國人認為「孩子不是紙糊的」，訓練孩子的耐力、體力，讓孩子在團體中學習如何與人相處、尊重他人、勇於發言……這些自尊自信的表現，更勝於成績好壞，所以，有足夠的時間與空間設施讓孩子充分跑跳、彼此互動，比學習任何才藝都重要。

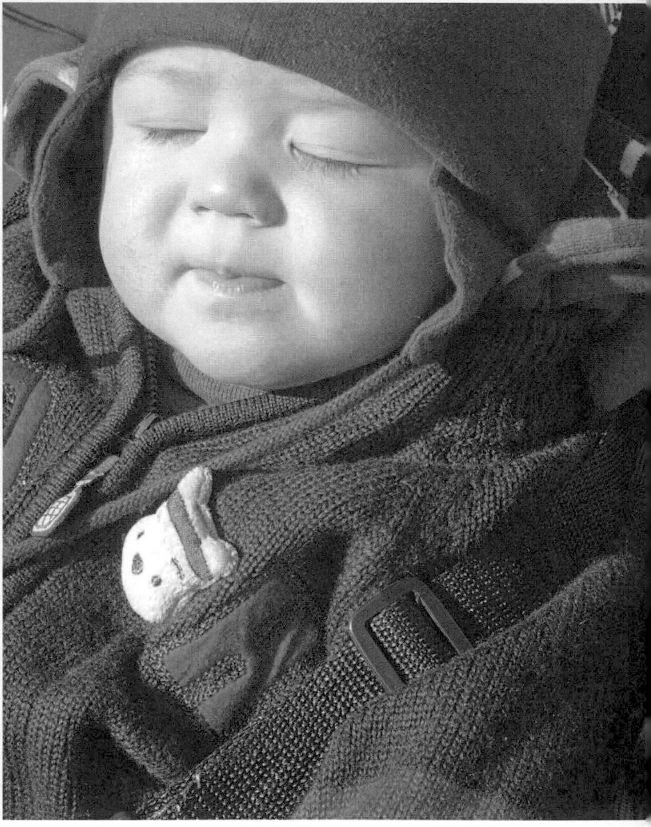

1	2	
	3	

1 ▌給孩子經常性的正面鼓勵是德國父母喜歡的育兒觀念。
2 ▌森林公園裡的親子遊戲區，是週休二日時和孩子一同跑跳的絕佳去處。
3 ▌天氣冷時，只要替孩子穿戴上保暖的衣物，還是一樣可以外出自由行。

要讓孩子像經得起風雨的野花般成長，絕不能一味的溺愛，他們是需要呵護，卻也需要磨練，多給孩子探索、闖蕩的機會，他們才會變得堅強！

給予孩子很多正面的語言鼓勵，幫助他們建立信心，也是德國父母在教養孩子時的習慣之一。

孩子完成了一件小小的事，像是懂得如何用手翻書了、懂得如何拍手鼓鼓掌了、開始學講話了……都要不吝於鼓勵——像這樣每一天都告訴寶貝「你好棒」，是德國孩子們成長過程中最滋補的養分。

除了鼓勵和肯定之外，教導孩子「什麼是行、什麼不行」，當然也是很重要的一件事。

舉例來說，孩子從一歲左右開始，對任何事都新奇，也開始爬高爬低，Mecky告訴我：「當孩子開始接觸危險物品時，就必須走到孩子身邊，用力握住孩子的手，以嚴厲的眼神看著孩子，告訴他那樣不行。幾回後，孩子就會慢慢懂得什麼是可以，什麼是不可以。」

另外，德國人還認為，學齡前的孩子其實不需要太早學習一堆才藝以及語言，因為在這個時候，對孩子最重要的其實是全身大小肌肉的發展。因此在德國，住家附近的親子公園裡，每天一到下午四點多，到處都可以看到媽媽們跟孩子們跑跳遊戲著，玩得不亦樂乎。

德國爸媽的育兒經，實在讓我這個新手媽媽非常受用，正因為接觸到這樣不同文化的差異，才讓我有機會可以試著用開放式教育來帶恩典——尊重孩子，但也要恩威並施。

除此之外，我更加明白，讓孩子感覺到安全的，其實並不是來自父母親的處處限制與保護，而是來自於父母內心、肢體及眼神傳遞給孩子的安定與愛。

衣服不要曬在陽臺上

德國人對居住這件事，在各個大小細節上都要求完美，也喜歡與社群鄰居們共同打造寧靜和諧的生活品質環境。或許是這兩個因素的關係，讓很多人都笑說，德國真是一個適合退休養老的地方。

住在德國這些年，經歷了兩次搬家，換了三個不同的公寓住所。因為遷移，看到了不同住宅區的生活風情；因為遷移，也跟著體驗不同城市的人文思維……大致上來說，住在規劃完善的住宅區多半可以擁有很好的生活品質。不論是獨棟房子，或是公寓住所，德國人看「住」這件事，在講求美感設計之餘，住家的實用功能可是要求很嚴格的。

舉例來說，在空間的使用上，我所住過的公寓都會在地下室附設腳踏車房、洗衣房（有些公寓將所有的洗衣機全集中在洗衣機房），除了放洗衣機，也提供做為曬衣服、儲藏室、車庫等多功能的場所。

為了維持環境美化，在入住某些住宅區之前，就會被要求盡量配合社區內住戶共同擬定的生活規章。比方說，目前我住的這棟公寓，在我們入住前，就被要求：洗好的衣服不要晾曬在陽臺上，盡量使用地下室的空間，如果萬不得已一定要曬在陽臺，

▎無障礙的走道設計對居民十分友善。

衣物晾曬高度也必須低於水泥牆，如此一來，外頭經過的行人才不會看到每戶每家的私人衣物。

關於生活環境的寧靜品質，在德國只要進入住宅區一定會看到馬路上大大的數字，行車時速被限制在三十公里，一來是為了控制車子進入社區內的噪音，二來是考量到孩子在社區出入的安全問題。

此外，市政府相關的交通單位、警察人員也會不定期在各角落暗藏攝影機，捕捉那些超速行駛的駕駛們，所以很難存僥倖心態——想說沒人看到，就任意在住宅區內開快車，等收到罰單再來後悔已經太晚了。

再來談到施工問題，如果星期六住家需要使用到電鑽等工具在牆面施工，沒有問題，但要避開午睡時間，並且必須在下午五點前完工；星期日則是全面禁止使用電鑽等工具，以免影響鄰居的假日安寧休息。假使施工影響到鄰居的休息品質，對方可以直接前往溝通；要是規勸不聽，就可以請警察人員前來處理；若警察來了還是規勸不聽，即會開出高額的罰款。

住在德國，房價也因區域及功能性良好與否有不同的價位。

有很多人可能在大都會工作上班，卻不想住在都市叢林裡，所以許多大都會附近的小城市，既寧靜又有完善的生活機能規劃，就成了很多人的居住標的。小城市的住宅社區，大多處處綠意蓬勃，也有為孩子們打造的親子遊戲公園、無障礙空間的走道設計，這樣的公寓或房子當然不便宜。

相反的，如果是住在鐵道兩旁，或是土耳其外來人口的社群區塊，因為居民的收入低，房價自然也相對低廉了一些；不過，住在那樣的社區，比較難要求到安全又寧靜的生活品質。

前前後後換了三次的公寓，很幸運地都住在品質不錯的住宅區塊裡，離家不到五分鐘有幼稚園，方圓十公里內有五到六個親子公園；住宅社區內的左鄰右坊親切友善，晚上睡覺聽不到任何噪音，早上醒來聽得到窗外群鳥齊鳴……

就算一輩子租屋，對住家環境也絕不馬虎

或許是經歷過戰爭破壞的陰影，德國人把個人家居視為心靈的神聖殿堂。更有許多德國男人，把建造房屋——親手為自己或家庭打造一棟屋宇——視為人生的夢想。德國人對住家的重視衍生出對環境的看重與要求，有孩子的家庭考慮庭院、遊樂場、幼兒園與小學遠近距離；中年夫妻們喜歡有花園可以動手做做園藝、拈花惹草；年老的族群則喜歡依山傍水親近大自然……

許多德國人一生都在租房子，不只是因為高房價與背負貸款的壓力，而是很認真的考慮到固定地點買屋背貸款對生涯發展的限制性。即使租屋普遍，德國人對於住家環境也絕不馬虎，整棟樓房共同負擔清潔的工作與費用，個別住家前後院的維護工作，秋天掃落葉、冬天鏟雪清走道，都有法律明文規定，還有罰則的約束。

1 ▎住宅社區內車速限制三十公里，讓孩子們行的安全得到保障。

2 ▎好的住宅社區內總是處處綠意扶疏。

3 ▎關於住的美化，德國人一定是少不了花藝的妝點。

雖然自己離退休養老的年紀還好遠，但我卻相信，享受生活這件事可不能等到老了再來佈局規劃，因為只要當下的每一天都過得平安快樂，老了自然也會幸福美好。

雖然租金的確不便宜，但是有了孩子之後，考慮到孩子的成長需求，居住在健康又安全的社區真的是十分重要的一件事。因此，即使房租的代價不小，我仍然覺得非常值得。

Part 3

幸福・在吃喝玩樂

享受生活是為了更認真過活

・陽臺變身度假小屋
・度假是為了樂在工作
・冬日救贖，裸裎相對的桑拿浴
・當禪修與太極走進日耳曼
・每年吸引兩百萬旅人的花島
・一個人的老後也很快樂
・戴上面具吧！狂歡嘉年華
・不吃不可，德國人也愛刀削麵
・比穿名牌更重要的事

陽臺變身度假小屋

我將煮好的晚餐搬到陽臺的小餐桌上，放上我在森林裡找到的野花，點上我最愛的蠟燭。晚上七點鐘陽臺已經佈置得像浪漫餐廳，好準備跟先生一同享用陽臺晚餐。Summer Balcony，日耳曼人的陽臺樂活，讓一整個夏天譜成了製造浪漫的美妙心曲。

朋友曾跟我聊起她印象中的日耳曼人多半冷漠又嚴謹自律，但隨著我住在德國時間愈久，愈發覺得日耳曼人其實是製造浪漫的箇中好手，這點從他們熱衷於園藝及夏日陽臺生活足以表證。每一回推著嬰兒車，帶著恩典往市區方向上瑜伽課的路途中，欣賞家家戶戶開放式的奇妙花園，竟不知不覺中成了我們母子倆在瑜伽課前後extra的快樂小旅行。今年的德國夏天來得比往年都早，離開家門後往公園或森林走去，一路上五顏六色的繽紛花顏，讓人看了心曠神怡……不過，對於熱衷於園藝的日耳曼人來說，自然界裡的夏日風光還不夠過癮，每家每戶都得動手搞浪漫，將自家花園或陽臺弄得像度假景點，才算是道地的日耳曼夏日樂活。

打理幸福的居家環境，德國人喜歡事必躬親，除了水電大小事自個兒包辦，花園裡或陽臺上的一草一花一樹一叢，也都喜歡自己動手照顧。

▎半開放式的德式花園，看到的不只是萬紫千紅、粉蝶翩翩的詩意，更是親子同樂的祕密基地。

時至三月，春天悄悄來臨，最早嗅出季節耳語的德國人，開始在自家的花園裡翻土、種花、種菜。為了因應即將來臨的夏季時令飲食，種植各式各樣的香草、蔬菜，或是番茄……都很常見；新鮮的香草植物佐配沙拉、各式魚肉及義大利麵，不用到超市買，自家種的最美味。

當下午茶時間到來，摘幾片薄荷葉配上蜂蜜泡一壺好茶，不必上咖啡館，在自家陽臺上也可消磨一整個下午的美好時光。

在德國搬了三次家，都是公寓式的住宅，雖然無法像獨門獨戶的房子擁有花園，但三坪大的陽臺一樣可以營造猶如度假般的愜意景致，如果陽臺有充足的陽光，那麼種些香草植物及番茄會很不錯。

我常跟先生開玩笑說：「雖然我們還無法負擔有自家花園的獨棟房子，但我們每天早已在過富足的生活了。」

看看陽臺五公尺外四棵健壯的大老樹，將屋外的景觀點綴得像一座芬多精公園；從家裡小陽臺看出去，先是靜如處子的小草莓、野性開放的鼠尾草、魅惑誘人的紅玫瑰，緊跟在後的是大老樹透過太陽與清風傳遞給我們每一天的光影與喜樂。這樣的居家幸福，有許多是老天額外給我們的餽贈，但卻不需要花大筆的鈔票到度假勝地去跟別人趕集。

晚上先生回來，我將煮好的晚餐搬到陽臺的小餐桌上，放上我在森林裡找到的野花，點上我最愛的蠟燭，晚上七點鐘我早已將陽臺佈置得像浪漫餐廳，正準備跟先生一同享用陽臺晚餐。

去年七月我的生日，我家陽臺變成與朋友們一塊烤肉慶生的歡樂場所；公婆來看恩典時，抱著恩典在陽臺上觀察大老樹上往返的鳥類們……Summer Balcony，日耳曼人的陽臺樂活讓一整個夏天譜成了製造浪漫的美妙心曲。

能享受安靜，全仰賴德國人的自我約束

在臺灣什麼都有，就是缺乏「安靜」。到處都有聲音，到處都有噪音，就是沒有安靜，這是一個德國朋友在臺灣最受不了的事。維持居家、公共的安寧，需要大家對自我的約束，不在假日、午休與夜間發出干擾之聲，才能真正擁有樂活環境。

度假是為了樂在工作

德國法律明文規定，除了週休和國定假日，還需要給勞工一年四個星期的休假日。其實德國人很清楚，沒有輕鬆放空的人性假期，創意靈感就不會重新湧現；沒有學會放手去度假的人，恐怕無法體會出樂在工作的道理。

前些年的八月八日父親節過完沒多久，我在德國看到一則臺灣新聞，臺灣有兩百多位父親走上街頭，高舉抗議旗幟，吶喊出他們因為一天超過十二小時的工時而無法擁有家庭生活的苦楚。遠在世界另一端的德國男人們，也跟臺灣男人一樣需要努力工作、養家活口，不過，他們認為工作與家庭一樣重要，他們的工作哲學是：要認真工作，更不忘享受假期！

歐洲人只要提到德國人勤奮的工作精神和民族性，總免不了要讚揚幾句。不過，就我住在這個國家生活多年的仔細觀察，發現所謂勤奮工作代表的是——

在合情合理的工時內認真工作，但下班後絕不談工作。說德國人工作與生活一樣重要，可是一點都不誇張！下班馬上關掉工作用手機、不在晚餐桌上聊太多公事、一年至少花上幾個星期帶全家大小度個假……歷歷在證工作與生活等同分量的價值。

▍德國人會盡情享受假期，讓自己回到工作崗位後的效率更加提升。

說到工作時數，依照德國法律規定，員工每週工作時間不能超過四十八個小時，正常工作日的工作時間，則不得超過八個小時；在不同行業也有著大不相同的工作時數，從一週工時三十五小時到一週四十五小時都有。在德國，許多大企業常採彈性工作制，也就是上下班不需要打卡，可以自由選擇上下班時間。我的好朋友Martin，在一家科技大公司上班，他跟我說他的上下班時間，只需在工作日誌上註明就好，我問他：「那你的上司不會打電話查勤你來上班了沒？」他表示信任很重要，他們公司在好多年前就將打卡機全廢了，因為公司相信員工們可以做到自我管理。

他笑說，因為這個彈性制的上班方式，他可以因為老婆下午三點要去看牙醫，而在三點前回家帶小孩；還有小週末的星期五，大家都想輕鬆一下早點回家，後來四點下班變成了常態，而員工們只要自行找一天將缺的工時補回來就好了。他後來又說了一段令人莞爾的話：

「一個企業要強盛很簡單，那就是視員工如己，讓員工們享有足夠的家庭生活與休閒時間，當人的核心生活幸福健康，回到職場上就願意為工作更盡心盡力。」

再說到工作倫理，人與人之間的平等與尊重，是上班的基礎文化。上司偶而需要員工額外加班或職務差遣，事先與員工商量意願如何，是做為一個主管應該要有的風範；那種我曾經在臺灣看過，主管對著屬下員工大呼小叫，或當奴隸般使喚來使喚去的情形，不太可能發生在這裡。

那麼，當老闆的是不是需要鞠躬盡瘁，好贏得員工們的效法？在德國，這可就見人見智了，曾聽朋友談起她工作了十多年的成衣貿易公司的老闆，她說臺灣人拚命不曉得拚到哪裡去，全賣給了工作，換來支離破碎的家庭與自我。她口中的德國老闆每天一早來公司三個小時，了解公司營運工作概況，不到十二點就回家與老婆吃午飯，下午二點進公司，不到四點時間又回家去了，這回是要陪他的媽媽散步去……

關於工時的長與短，德國法律明文規定，除了週末和國定假日之外，需要給勞工一年四個星期的休假日。其實德國人很清楚，沒有輕鬆放空的人性假期，創意靈感就不會重新湧現；沒有學會放手去度假的人，恐怕無法體會出如何樂在工作的道理。

德國優勢

努力賺錢也需要「有時間」花錢

休息是為了走更長遠的路，德國休假長達四週，工業與經濟都還是世界頂尖，道理在哪裡？因為德國人工作的時候，認真工作；休息時，認真休息。休假時間長，也帶動了休閒與觀光產業。努力賺錢也需要有時間花錢——德國重視生活品質，他們為生活而工作，而不是為了工作而生活。

冬日救贖，裸裎相對的桑拿浴

我的桑拿之旅印象最深刻的就是，每一間桑拿室會有幾個時段，設計一些處方療程。其中我最愛的療程，是桑拿中心的工作人員，拿著泡軟帶葉的白樺樹枝拍打桑拿室裡的每一個人，九十多度的火熱溫度，再加上每一個人的背都被拍打得紅咚咚的，頓時覺得大伙兒全都變成了火紅烤乳豬。

有一回媽媽問我德國的冬天溫度如何，我跟媽媽說天氣好的話大概五度到七度左右，但如果碰到下雪，有時可以冷到零下十度到二十度，媽媽一聽，大呼不可思議：「那不就等於是住在冰箱裡啊！」

媽媽的玩笑話可沒錯，冬天冷起來的德國，還真讓我這個來自亞熱帶國家的異鄉人有點受不了，幸好我找到了驅寒解凍的好妙方，那就是桑拿浴（Sauna）。

桑拿浴源自芬蘭，有二千年以上的歷史，也被稱為芬蘭浴；在一封閉小房間內，利用加熱的溼空氣對人體進行理療，通常桑拿室內的溫度最高可達攝氏九十度左右。

桑拿浴利用各種不同的手法，對全身施以蒸、沖、洗的冷熱刺激，使血管反覆擴張及收縮，有增強血管彈性、預防血管硬化的效果，對關節炎、腰背疼痛、支氣管炎以及神經衰弱等都有一定的保健功效。

桑拿健康養生中心的餐飲吧，滿足每一個人的胃及嘴饞（本單元圖片由Bora HotSpaResort、SchwabenQuellen Sauna提供）。

臺灣溫泉對身體的理療效果，跟我在德國體驗的桑拿浴可以說是旗鼓相當。

不過，德國桑拿浴是男女裸裎相見的混合浴，對於害羞或保守的人，一聽到要在大庭廣眾下裸體，可能馬上就緊張得不知所措。我的第一回德國桑拿浴，是在一家規模相當大的桑拿中心，一開始也很不自在，但一進到桑拿中心，看到十多間不同的桑拿浴，有五十多度的芳香草本蒸氣室；有七十多度散發著原木味的芬多精桑拿室；有以白樺林樹枝乾燥後，倒掛在室內號稱養顏抗衰老的桑拿室；還有充滿各種異國情調風味的休息區，日本禪式、印度紅寶石、希臘浪漫、亞熱帶島嶼風情……等，桑拿中心多元又美麗的設計，讓我不知不覺成了劉姥姥進大觀園，看得渾然忘我。拿起自己的兩條大毛巾，開始等不及要體驗每一間桑拿室，也或許因為忙著感受不同桑拿室的特色，早忘了自己正一絲不掛地跑來跑去。後來，我也觀察到……

桑拿裡的德國人，大多專注著自己的放鬆享受，根本無暇關注身邊裸裎的男男女女。

桑拿浴的第一步是先來個淋浴，之後就可以找自己喜歡的桑拿室，開始第一回合的桑拿，桑拿室外頭可以掛上自己的大毛巾，再將自己的拖鞋放在室外。就這樣，看每個人耐熱的程度，沒耐熱經驗的人先待個五分鐘，出去透一下氣再進去；體能好的人，在七十多度的桑拿室裡待上半個小時，也能面不改色。

我的桑拿之旅印象最深刻的就是，每一間桑拿室會有幾個時段，設計一些處方療程。我最愛的項目，是桑拿中心的工作人員，拿著泡軟帶葉的白樺樹枝拍打桑拿室裡的每一個人，九十多度的火熱溫度，再加上每一個人的背都被拍打得紅咚咚的，頓時覺得大伙兒全都變成了火紅烤乳豬。

工作人員說白樺樹枝可以讓全身的血液運行更順暢，拍打後全身毛細孔都張開，就可以將體內毒素透過大量的汗水排出。更重要的是高溫蒸烤加拍打後，還得利用冷水快速地再冷卻身體，依著那位小姐跟我說的，真的是這樣沒錯！

德國人在離開高溫桑拿室後的第一件事，常是用冷水快速淋浴，不怕冷的傢伙，還可以挑戰將全身浸泡在零度低溫的水池裡。

德國人鍛鍊身體就靠——冷熱交替的訓練

桑拿浴最能鍛鍊體魄的方式，就是做完熱呼呼的蒸汽室後，隨即沖個冷水澡或跳進零下溫度的冰冷湖水，來個一熱一冷反覆數趟的極限溫度大考驗，極為有益身心。德國對於冷熱交替的訓練頗為推崇，醫生常呼籲即使是下雪天，全身包裹溫暖的小嬰兒也要帶到戶外，由肺部自行呼吸冷空氣來強健心肺功能。

在德國的桑拿中心，第一個挑戰應該是對赤身裸體的接受程度，對環肥燕瘦各種體形的欣賞能力；我們的教育文化缺乏美感經驗與對自己身體的自信，在桑拿浴裡男女共處、裸體游泳的個人身心感受，果真是「如人飲水，冷暖自知」呢！

許多桑拿中心都在風光明媚的湖畔。

德國的桑拿中心就像一間綜合式的SPA館，有按摩、有溫水游泳池、有休閒區供人靜靜享受書本的樂趣，肚子餓了穿著自己的浴袍就可到餐廳來頓美食，大一點的孩子也可以跟爸媽一起來趟桑拿之旅……位居於群山環抱間的桑拿中心讓人放鬆身心，置身於大自然間更是心曠神怡。一趟四到五小時不等的桑拿浴之旅，要價從十六歐元到二十歐元（臺幣八百元）不等，對我來說，可是德國冬天生活的救贖，桑拿後皮膚終於又回復光澤閃亮——因為桑拿浴，在冬日寒冷的空氣裡，終於有機會讓自己精、氣、神煥然一新。

當禪修與太極走進日耳曼

我的德國禪修老師Shukun跟我說，會接觸禪修，起因是在他年輕時，發生了一場相當嚴重的車禍。這場車禍差點奪走了他的性命，也讓他突然對生命有了完全不同的領悟：人生無常，沒有什麼好驕傲的；如果不趁著有限生命，深入自己的內在世界成長，那麼即便是擁有榮華富貴，內心恐怕仍舊空寂落寞。

德國人風行學禪、學太極，從社區大學的相關課程到大小規模不等的瑜伽教室，都積極推出各類的禪修課。許多人說，那是因為東方的養生觀念很迷人，然而我卻認為，禪修及太極的風潮，多少是因為現代高科技文明發展到極致，人類的身心靈渴求釋放和多層次的自我探索。就這樣，來自東方的禪修與太極給了人們科學邏輯世界外的另一條道路，通往平安快樂的心解藥。

會對禪修及太極產生興趣的德國人，身心疾病或是工作壓力等因素占了相當的比例，但也有很多人單純想藉由禪修及太極做更多自我內在的深度探索；當然，更有某些人沒有特殊目的，只是聽說學禪、學太極可以放鬆身心，覺得很不錯就來參加了。

記得剛到德國時，參加一個禪修團體，每週四晚上有一個半小時的禪修時間，由Shukun老師帶領。曾經問老師怎麼會對禪修產生興趣，Shukun跟我說，他在最年輕、最意氣風發的年紀，發生了一場相當嚴重的車禍。這場意外差點奪走他的性命，也讓他突然對生命有完全不同的領悟：

「人生那麼無常，有什麼好驕傲的，如果不趁著有限生命深入自己的內在世界成長，即便是擁有了榮華富貴，內心恐怕仍舊空寂落寞。」

車禍改變了他的一生，後來他幾乎將所有的時間都投入在禪修生活上，帶禪修團體與現代人分享佛法的定心與智慧，成了他的終身職志。由Shukun帶的禪修課，從唱頌心經、打坐行禪，到後來的禪學分享，結束前大家還會在茶水間聚在一塊兒喝杯熱茶……這樣的禪修團體十分迷你，參與的學員從十多人到三十人不等，禪修費用則是每個學員依自己的經濟狀況自由捐獻。

比起德國坊間多數的禪修課教室，Shukun的團體多了份溫暖與自在，沒有貴到讓人不敢踏進一步的「學費」，還可認識跟自己一樣喜歡禪修的同伴。

雖然因為搬家關係，我再也找不到機會去上Shukun的禪修課，但每一回想到多年前，我遭逢父親往生加上流產，Shukun知道我無法回臺灣奔喪，特地在禪修課裡為爸爸舉行了一場小型的儀式，帶領同學們一同為父親唸經迴向。遠在他鄉的我，可以在最低落的時刻，碰到一群給我支持溫暖的禪修伙伴，讓我至今仍對這位威嚴又帶幽默、如父親般的德國禪修老師相當懷念感恩。

說到太極，今年開始參加社區大學，每個星期四晚上八點多到十點的太極課。我的太極老師Volker今年六十歲，雖然頂著一頭白亮亮的頭髮，但是打起太極來一點也不輸給華人。打鄭子太極十五年的Volker，當初會學太極是因為腰椎間盤突出，選擇不開刀而努力不懈練了五年，控制住了病情，都沒有再發作。

因為練太極救了他的健康，他更覺應該推廣太極給人們。就這樣單純的初發心，讓他一教太極就是十五年。

> 上課的成員除了上班族，也有很多的退休媽媽，問大家來練太極的原因，大部分人都說生活壓力大，練太極好，一練就快兩個小時，心靜了、身體也鬆了，不知不覺生命彷彿又健康鮮活了起來……

德國人重視思考，也尊重每個人的哲學觀

德國是個重視思考的民族，稍對哲學有所認識的人，絕對在哲學理論上聽過幾個大名，如康德、黑格爾、叔本華、尼采、馬克斯和恩格斯等許多思想家，對心靈、人性、社會、國家、文化等提出許多深刻的探討論述。或許是宗教上的影響，也或許是民族性裡愛好思索的集體潛意識，許多德國人對於生活、金錢與價值觀，都有個人的思考角度與執行層面，但也人人尊重他人所愛好的事物。近年東方的禪學在德國的哲學中造成風潮，德國各地都可以看到禪學相關的課程足跡，這是東西方文化交會的驚喜，小火燭總可以點燃一室之光明與希望。

德國人的禪修與太極跟臺灣有什麼不同？我認為，德國人因為個人主義較重，同學們去跟老師們學功夫時，雖然也很尊重老師們的專業，但一有不同想法或問題，大家總是直來直去，有什麼想問想說的，毫不彆扭！此外，德國老師跟學員常像朋友般互通往來，讓我深深覺得，能夠受到學生們愛戴的原因，終究還是要回到那份當初為了什麼而教學的初發心。

▍因為腰椎間盤突出，Volker踏入太極人生的旅程。

▍至今我仍然對Shukun這位威嚴又帶幽默、如我父親般的德國禪修老師相當懷念感恩。

每年吸引兩百萬旅人的花島

邁瑙是康斯坦茨湖最受歡迎的景點，這個浪漫十足的花島，不僅是德國人的度假聖地，每年更吸引了近兩百萬遊客從世界各地來造訪她的風貌。進入邁瑙的花想天地，能讓人進一步貼近日耳曼人文的知性與感性。

每年六月到八月是德國人的度假時間，德國地大物博，從北到南，從東到西，光德國境內就有為數可觀的旅遊景點，而對於喜歡花與園藝的德國人來說，走一趟邁瑙花島可是一定要的！

邁瑙位於德國博登湖附近的城市康斯坦茨（Konstanz），是個占地近四十五公頃的花島，全島僱用將近四百五十名的員工、六十位的園藝師，想要遊歷花島，選擇開花季節的四月到九月為佳。

稱花島是大型的植物園一點也不為過，島上種植了超過五百種落葉林與針葉林，還有五百種不同品種的玫瑰、兩百種以上的各品種杜鵑；在地中海梯田園區裡，更有各種氣候下的珍稀植物如棕櫚樹、龍舌蘭、仙人掌等。在眼花撩亂的植物品種外，充滿異國情調的珍奇寶貝也不少，如義大利風情的玫瑰園、雕塑、噴泉等。

關於我的邁瑙花島之行，印象最深刻的就是那裡的美與創新，邁瑙的藝術創意花園讓年輕一代藝術家為此島再添寫另一章心之樂音：為老舊汰換的傢俱賦予的新意，洗碗槽搖身一變成為裝置藝術的園藝檯，白色浴缸裡也可以天馬行空的種出一小片花花世界……

> 邁瑙花島的美真的需要一整天時間，不疾不徐，好好瀏覽。坐在湖邊的花海旁，隨著夕陽西下還可以看到湖上點點閃爍如金的帆船晃悠其間，實在是人間一大享受。

若不特別留意邁瑙所提供的相關文史記錄，很難讓人聯想到，這個浪漫花島其實是隸屬於瑞典王室家族所有。邁瑙花島的歷史可追溯到一八二七年，那時匈牙利王子斯特哈茲入住花島後，對這個僻靜離世的小島著迷不已，大膽地將各國蒐集而來的珍貴異國情調花卉種滿整座邁瑙。到了十九世紀中葉，巴登大公爵弗里德里希一世入住，正式購下該島；弗里德里希一買下整個花島，便大興土木建造島上不同風貌的天然花海美景，同時也從世界各地引進了多種類的稀有植物及樹種，其中，「義大利玫瑰園」據說就是他常流連的花園之一。弗里德里希大公爵如此大費周章，無非是想將邁瑙打造成他夢想中美麗的夏日宮廷花園，而今我們可以看到花島繽紛瑰麗的風貌，多少可以說是他的美夢所促成。二十世紀初期，是花島新世紀的開始，大公爵的女兒維多利亞公主嫁到瑞典王室，自此花島添上了北歐國度裡的冷靜與知性美。

公主過世後，瑞典貴族貝納多特家族繼承了花島，並且建立了梅里貝納多特基金會，旨在保護家族的後代能繼續承襲花島的所有權，不需擔心有朝一日會出現超級富豪投資者買走此島。一九九一年，貝納特邁瑙有限公司正式成立，以民營企業方式管

熱帶植物庭園林立，背後是二、三百年的心血和故事

說到歐洲文明的發展史，庭園占了重要的一頁。歐洲歷史上文功武略極盛的查理曼大帝（法文為Charlemagne）在四處征伐擴張帝國時，宗教修士的上帝信仰也隨著傳播到歐洲各地，德國首位犧牲奉獻的傳教聖徒聖卜尼法斯（St. Bonifatius），就與查理曼大帝彼此互相支援幫襯，共創大業。修士們不只為軍隊提供信仰支柱，更是行旅爭戰時重要的醫護人員，庭園花草的運用在修院內的修士們手中，開啟了花草療法的先端，到十六世紀時，歐洲各地的修道院庭園普遍成為醫療菜園。

歐洲王室與貴族們原本觀賞用的小庭園，也在十六至十八世紀間發展成為宮殿建築藝術的重要一環，如法國強調君權盛世，富裕的巴洛克風格庭園隨之興起，義大利、德國、英國也開始出現各具特色的庭園風貌。一九四二年哥倫布發現新大陸後，隨著探險步伐的擴大，熱帶的奇花異果成為歐洲皇室們爭相蒐集擁有的收藏品，有財力的貴族們紛紛廣建庭園資助蒐集與研究，十八世紀植物學成為一門重要的科學研究學科，各國皇室也都贊助研究者與科學家在全球蒐集植物物種。

德國自然學家亞歷山大・馮・洪堡（Alexander von Humboldt，一七六九至一八五九年），足跡遍及歐洲與南美洲，為科學界蒐集與建立全面的生物系譜學研究，影響後世甚深。今天，在歐洲各地林立的熱帶植物園，都是許多生命、血汗、財力、勢力競逐下的產物，每一座庭園裡從異國移株的花草，都蘊藏許多故事。

理邁瑙花島，貝納多特伯爵一直活躍管理花島直到他辭世，二〇〇四年他的第二任妻子索尼亞管理花島，今天花島的管理權已由貝納多特伯爵的子女接手。

一九三二年到二〇〇二年的七十年間，邁瑙島成功地對外開放成為眾所矚目的觀光景點。在這段期間裡，花島長滿了珍貴的奇花異草，然而，花語所訴說的可不只是歐洲花香裊裊，亞洲中國的竹林或是溫室裡的熱帶叢林樹種等，在這裡都得以看到它們的芳蹤。在日耳曼人的花想季節裡，走一趟邁瑙花島絕對可以擁有讓人無法忘懷的度假回憶。

▌舊洗碗槽變成牽牛花的共生地。

▌鳥瞰整個花島——邁瑙（由Insel Mainau官網提供）。

▌這一隻長滿繽紛花叢的五彩孔雀，是很多來花島一遊的旅客必拍的景之一。

一個人的老後也很快樂

德國老人的獨立自主讓我印象深刻，前年公公的母親以九十六高齡壽終，還記得老祖母在生病前半年，仍堅持不跟兩個兒子同住。我親身見識到人在如此高齡，還是可以活得自在逍遙；老祖母的生活快樂頌是：一天一杯小酒犒賞自己、一天一杯黑咖啡精神百倍、一天一則趣味新聞笑看世界。

我曾經問老祖母為什麼不跟公公婆婆住，這樣不是才好照應嗎？沒想到老祖母很有個性地回答我，一來她喜歡一個人住，很自由，兒子們不會跟她碎碎唸；二來她不喜歡忍受兒子們的個性，難搞又麻煩；三來每週外孫都會固定帶她外出去散步，還有看護張羅她的起居料理……以上種種加起來，自然沒有理由足以說服她放棄享受一個人獨居的生活樂趣。

剛搬來這個城市時，有天帶著恩典準備去上瑜伽課，在某個路口等待交通號誌的當下，一位騎著腳踏車的中年太太，熱心地問起我要到哪兒，我給她看了地址後，她二話不說帶著我找到了瑜伽教室。因為那次巧遇，我常在心裡祈禱，希望有天可以再跟她不期而遇，沒幾天真的又碰到她，這回我們倆乾脆將彼此的聯絡方式，一清二楚地寫在自己的通訊本上。

Frau Immer年紀六十多歲，十多年前喪偶，一個人獨居，兒子跟女兒分別住在德國的南與北，她的兩個孩子大概一、兩個月左右會來看她一次。跟她認識久了，碰了幾回面後，發現她的生活過得比我還忙碌充實！每週除了固定去幫幾個老人做護理居家服務，也在動物協會當義工，每個星期還有兩個下午要跟一班老太太們喝下午茶，偶而還跟我分享她最近新出爐的美味食譜大全……

像Frau Immer這樣獨立自主又快樂的退休老人，在德國相當普遍，他們大多都很會安排自己的生活。

住在我家樓上一對七十多歲的Kaufmann老夫婦，也算是一對令人稱羨的夫妻檔。時值夏天的美麗季節，常看到他們兩個戴著酷酷的太陽眼鏡，逍遙自在地享受綠野單車行。問他們騎單車不怕累嗎？Frau Kaufmann摘下眼鏡自豪地要我別小看他們，他們倆可是曾在一個小時左右的時間內，騎了二十多公里路哦！「會累嗎？」「當然囉，只不過腿痠了兩天就好啦！」

在我居住的城市，有一間老人活動中心，每週都有為退休老人們所設計的活動，如打毛線衣課程、花藝設計、舞蹈健身等。那裡還有一項很特別的服務，名為「祖父母服務」，這項服務主要是針對單親的父母親所設想，為了怕單親的爸媽不曉得如何帶孩子，這些身經百戰的老奶奶及老爺爺們可以從旁協助這類弱勢的家庭，指導他們如何教養小孩。如果因為生活或經濟上的特殊情況，無法找到褓母來看顧孩子，那些喜愛小孩的爺爺奶奶更會義不容辭自告奮勇前去幫忙。

面對德國老齡化的社會，德國老人們當然很慶幸，政府提供了完善的福利體系做為根本保障，但是……

> 據我觀察，德國老人退休生活的快樂頌，其實跟他們樂於走出家門、積極參與社會和關懷助人最有關係。

雖然說德國老人無法像臺灣老人家那般，享受孝道為先的緊密親情關係，但一想起幽默十足的老祖母到生病前都還是那麼自在地享受一個人的獨居後半生，那種在世時活得坦然瀟灑，臨終時也擁有了光榮與尊嚴的模樣……我很感謝她為我留下了生命快樂頌最好的典範！

從小培養自處能力，老來高唱一個人的快樂頌

德國人的強悍表現在老人身上，我們完全可以看到他們不示弱的特質，這是他們的民族性——即使需要幫助也不願接受幫助。德國是一個講求個人主義的社會，一切尊重個人意願，老人也一樣，只要獨居老人能找到喜愛的事做，愈活愈好就可以了。不過，自在獨處卻不是易事，許多德國人在年輕時就開始試著培養自處的能力，如此老來時光的獨處生活才能活得輕鬆自在。

1	2
	3

▍九十六歲高齡老祖母的幽默生活態度，是我生命快樂頌的最佳典範。

▍在公園認識的爺爺，他一個人幫媳婦帶三個娃，不但不喊累，還常跟我分享他的帶孫經驗。

▍有良友同行，有大自然為伴，退休的生活健康充實。

戴上面具吧！狂歡嘉年華

說嘉年華Karneval是德國人一年裡最令人期待、也最瘋狂的日子，一點也不誇張，因為在嘉年華裡，許多人終於有機會跳脫正常生活軌道，放縱地扮演不同的角色。

這會兒，脫下高跟鞋的上班族女郎化身成千年飛天女巫，鬆開領帶的中年男子變成了綠色鬼怪不倒翁，終日在家料理家務的婦女們戴上搞笑難看的面具，扮演起嚇走冬鬼的怪婆婆……

德國這個嚴謹規律出了名的日耳曼民族，進入狂歡節後全國上下盡情的歡樂，讓人領教了他們最瘋狂的一面。

復活節（Ostern）前四十天，依教會年曆（Kirchenjahr）是封齋期（Fastenzeit）。在封齋期的四十天裡，天主教徒不能吃肉，不能進行娛樂、婚配等相關喜慶的活動。因此，人們會特地趁著封齋期來到前，盡情地歡飲美酒、狂歌漫舞、化妝遊行，並且大肆舉行各種慶典——這就是德國的狂歡節，也被稱為「四旬節」或「謝肉節」。

這個古老的民俗活動演變至今，轉被人們用來演繹他們擺脫漫漫冬寒的渴望，抵禦惡魔、驅逐嚴冬、迎接新一季春天的到來，人們盛裝打扮成各種奇形怪狀的鬼魅，全國上下裝瘋賣傻，享受著冷冽氣溫下的奔放快活。嘉年華在德國不同區域有著不同的名稱，在萊茵河流域為主的區域叫做Karneval，在巴伐利亞州叫做Fasching，在巴騰州（Baden-Wuerttemberg）和黑森（Hessen）則叫Fastnacht，名稱雖不同，但節慶的意義卻都是一樣的。

說起嘉年華的起始時間，可不是每年二月分連續幾週的狂歡假期而已，整個嘉年華必須從前一年的十一月十一日十一點十一分開始算起。

籌備嘉年華的時間長達四個月之久，也開設有各種多樣化的嘉年華俱樂部，這些公司以專業姿態，爭取不同城市、各大公司行號的顧客，為他們在四個月內，成功地完成嘉年華的前置作業。

德國各地慶祝狂歡節的形式不盡相同：慕尼黑的狂歡節會舉辦大型的化妝舞會；靠近黑森林（Schwarzwald）與博登湖畔的阿雷曼狂歡活動（Alemannische Fasnet）則以大量的女巫裝飾（Hexe）和古老的木製面具（Holzmasken）來表達他們對凜冽冬寒的不滿，期待以這些恐怖驚人的面具來驅趕走那冷冷的嚴冬。

說起我與德國嘉年華的第一次會面，是在阿爾布斯塔特（Albstadt）小鎮。還記得當天氣溫低達零下十五度，但是再冷都阻擋不了各地湧來的人潮。原本寧靜樸實的南德小鎮羅伊特林根，一下子就擠進了好幾千名的遊客，而城鎮裡的家家戶戶也在嘉年華前奔相走告街坊鄰居，大伙兒滿心期待的遊行隊伍正式登場。

許多民宅開著大大的窗戶播放起熱情有力的音樂，而在街上興奮等待的旅人們一一隨著音樂聲跳起舞來。老婆婆帶著小孫子來湊熱鬧，爸爸媽媽的肩上各自扛了一個小娃，整條街擠得滿滿的，都是平日完全不熟識的陌生人……因為嘉年華，每個人歡欣鼓舞地走出家門，奔向小鎮的嘉年華大道與人問好、寒暄，雖然對我這個出生在熱帶地區的臺灣人來說，零下十五度實在有夠冷，但看到那一張張融化在冬雪下的大笑臉，身子似乎也因為滿溢的熱情而變暖了。

後來管不了冷不冷了，眼前一隻隻隆重登場的妖魔鬼怪可是讓我看得目瞪口呆，這輩子沒看過這麼多千奇百怪的鬼面具！第一回看嘉年華，心情興奮又害怕，因為這些女巫與怪獸面具人很會作怪，超愛捉弄我們這些看熱鬧的旅人。我的嘉年華初體驗就被他們整整K了七次，拿走我的帽子讓我追著跑、接著突然被一把抱起轉圈圈，臉還被他們塗上了滿滿的黑泥巴。

站在街旁觀賞的旅人永遠不曉得那面具下的人是誰，他們會趁你不小心的時候，走向你給你一個大大的惡作劇，這種嘉年華裡的驚奇與挑戰成了它令人為之瘋狂的關鍵之一！至於另一個讓人群狂熱的重頭戲，就是搶糖果了！這些瘋瘋癲癲的面具人一個個深藏不露，他們的背包或大口袋裡全裝了滿滿的糖果，當他們喜歡你，就會熱情地向你揮灑亮晶晶的糖果……

別以為只有小孩喜歡糖果，嘉年華裡的大人們一個個也都不顧形象的搶糖果吃呢！

關於嘉年華這頁歡笑幸福的旅行記憶，或許可說它不只是因人過節驅冬而存在。

看到每一年來自全世界、擠到各地嘉年華都水洩不通的旅人，我可以大膽地說，嘉年華是人類為自己的機械化生活解套的媒介，卸下日常武裝與生活壓力、開啟另一種自我的可能性，跟世界的旅人們一塊兒來點瘋狂、來番自我嘲弄的幽默，當狂歡假期結束後，重新回到社會崗位，更可以再次帶上一張笑臉繼續自己的人生戲場。

德國嘉年華是大人小孩共襄盛舉的歡慶日。

嘉年華的女性特權——剪男人的領帶

德文中的「嘉年華會」拼作Karneval，而「karne」來自拉丁文中的肉，「val」意為再見，所以Karneval即是將要對肉類說再見的慶祝活動，在齋戒前先盡情的狂歡幾天。每年街頭嘉年華會的星期四，是婦女們最瘋狂的一天，杜塞爾多夫、科隆、麥茲等城市稱此日為「女人節」（Altweiberfastnacht），十四世紀的婦女們會在這天衝入市政廳辦公室奪取鑰匙，象徵權力的翻轉。這樣的傳統在領帶發明之後，轉變為趣味性十足的「女性特權」，在這一天，女性可以任意地剪斷任何男人的領帶。當天街頭可以看到許多拿著剪刀的女性，四處尋覓繫著領帶的男士們，而男士們也多是笑容滿面地伸出脖子，當然，有經驗的男士是不會在這一天繫太昂貴的領帶的。

嘉年華會的遊行，以當週的星期一最盛大，被稱為「玫瑰星期一遊行」或稱「四旬齋前的星期一」，每年科隆的嘉年華會都有上百萬的觀光客參與盛會。據說，能成為遊行隊伍的成員，站在活動當天的花車遊行隊伍內，是許多科隆人一生的夢想。

不吃不可，德國人也愛刀削麵

提到德國的飲食，你的第一印象會是什麼？是德國豬腳，還是德國啤酒加德式香腸？刀削麵對許多人來說絕對不陌生，你知道德國人也愛吃刀削麵嗎？巴登伍登堡州是史杯茲勒（Spaetzle）麵條的發源地，在德國南方，史杯茲勒麵條可說是家家戶戶必備的國民菜之一。

談到一日的三餐，豐富的早餐是德國人一天最重要的開始，小麥麵包、火腿片、奶油、乳酪、水煮蛋、咖啡、新鮮果汁等，是德式早餐裡色香味俱全的必備滋味。一般來說，德式麵包（Das Brot）算是早餐中的主食之一，堅硬紮實的硬麵包，沒有取巧的造型，但是其小麥含量卻高達百分之九十，餐桌上通常也會備有許多不同的果醬，可依個人喜好沾著麵包吃。

德國早餐裡享用的水煮蛋，跟東方人早餐習慣吃的荷包蛋最大的不同是，事事講究的德國人為了一顆再簡單不過的水煮蛋，研發出各種令人驚喜不已的相關產品。舉例來說，煮蛋用鬧鈴、放置水煮蛋的造型小容器、冬天為水煮蛋保暖的毛線蛋帽、打開蛋殼用的開蛋器等。

在週一至週五的工作日期間，德國人的午餐通常都是簡單肉類料理佐以生菜沙拉，再搭配啤酒或果汁飲料為主。到了週末，午餐變成德國人家庭聚會最重要的時刻，通常家庭主婦會在早餐後就開始預備午餐的前置料理工作。以南德來說，家庭聚會的料理總少不了小牛肉史杯茲勒麵條（Eingemachtes Kalbfleisch mit Spaetzle）、馬鈴薯沙拉、德國白酒或紅酒。中餐到晚餐之間再來場德式的下午茶，大多在下午四點鐘左右。德國婦女們多半都練有一身好手藝，所以下午茶除了來杯咖啡或紅茶，還能享用到婦女們手作的水果蛋糕或餅乾等。德國人晚餐吃得相當簡單，以冷食為主，麵包加上水煮香腸或煎炸香腸，佐以特製的芥茉醬或番茄醬，再來杯啤酒就打發了。

在臺灣，香甜又營養十足的「甘薯」曾經陪伴老一輩的臺灣人度過民國五、六〇年間的貧困時代。德國馬鈴薯（馬鈴薯的德文Kartoffeln）的角色就像臺灣的甘薯一樣。對許多老一輩的德國人來說，馬鈴薯容易繁殖、價格便宜，又可以長期保存，所以，從第一次世界大戰戰後的艱辛生活，一直到二十一世紀富足的現代，用馬鈴薯烹調的各類料理一直離不開德國人的日常生活飲食。

對於德國人來說，馬鈴薯在一年四季都能做成相當可口的料理。德國人的家常馬鈴薯料理大概有：德國馬鈴薯沙拉（Kartoffelsalat）、德式油煎薯片（Bratkartoffeln），以及馬鈴薯泥（Kartoffelpueree）等。但是烹調不同的馬鈴薯料理可得選用適合的馬鈴薯，要料理德式油煎薯片時，必須選用結實的festochende Kartoffeln；烹調馬鈴薯沙拉或馬鈴薯泥時就必須選用質地鬆軟的mehligkochende Kartoffeln。

刀削麵對許多人來說絕對不陌生，德國人也很愛吃刀削麵。

你有聽過史杯茲勒麵條嗎？巴登伍登堡州是史杯茲勒麵條的發源地，在德國南方，史杯茲勒麵條可算是家家戶戶必備的國民菜之一。史杯茲勒麵條料理主要是由麵粉、雞蛋、少許的鹽及水混合而成，等所有素材揉成一團後，將整塊麵團放在專用的木板上，然後以大約四十五度角的位置，用刀片緩緩地將麵條削進滾開的熱水中，等麵條熟透了再快速地撈到冷水裡冷卻一下。

不過，料理到這裡還未完成，史杯茲勒麵條通常會再搭配一道熬燉良久的熟豬肉或小牛肉等，燉肉熬煮兩小時後的鮮美汁液，就是史杯茲勒麵條的淋醬。就這樣，一桌道地簡單的家鄉料理上菜。許多品嚐過史杯茲勒麵條的人或許會覺得像麵疙瘩，菜色簡單，卻隨時能讓每個人飽足一頓。

關於人們的歡聚時刻，如朋友的生日舞會、喬遷之喜、結婚宴客等場合，德國人似乎偏好冷食，如多樣化的沙拉料理，派對裡，每個人都可端出自己的拿手沙拉，分享給所有人。德國人喜好香腸眾所皆知，一千種以上的香腸種類堪稱世界之最，以香腸為名的料理常是派對的食物主角之一。

德國人也喜愛麵包，每日三餐沒有一餐可以少得了它。即使是婚宴上的自助餐，德國麵包也絕對不會缺席。德國人愛喝酒，黑啤酒、白酒、紅酒，每日適量的飲酒是德國人生活文化的一部分，在重要節日的聚會裡，酒更是靈魂配角。而好酒要配好起士，德國人自然也愛吃起士，管他是哪一國哪一區出產的，小心地切下各自有著奇妙氣味的起士，美美地擺在精緻餐盤上，端出來跟親朋好友一起分享去。

在德國，若是受邀前往參加友人的生日派對，賓客會準備一至兩樣的伴手禮給對方，如鮮花、巧克力、啤酒、紅白酒或者壽星喜愛的禮品等；若是喬遷之喜，德國人依照傳統習俗，會買白鹽及結實的小麥麵包饋贈友人，鹽與麵包代表著日常所需最根本的生活飲食，也代表新家能為他們帶來飲食無缺的安定生活。

重要節日的聚餐，隆重的打扮也很重要。

一天一熱食，吃在德國重實際

沒有法國美食的精緻與講究，相對來說，德國人的飲食文化簡樸實際多了。許多德國人都維持一天一熱食的習慣，一天之中只有一頓餐是熱食，傳統是午餐，吃飽好做事囉！然而現在，人人整天在外奔波工作，許多家庭只有晚餐時間才能全家坐在一起吃飯，所以也會把熱食改到晚餐來享用。在德國，最讓臺灣人的亞洲胃不習慣的就是晚餐也只吃冷食麵包，稱為「晚上麵包」（Abendbrot），搭配醃肉、火腿、燻魚等肉食，或是麵包配上一碗湯就是一餐，簡單行事的風格很實際也很實用。

德國人比較不時興為了吃花費太多功夫與時間，習慣吃固定的食物，也喜歡吃規律的家常菜。其實，許多德國人的飲食觀念奉行「早餐吃得像國王、午餐吃得像平民、晚餐吃得像乞丐」，白天吃得豐富營養好工作，晚上吃得簡單清淡讓腸胃休息。所以德國人的「晚上麵包」，可以說是健康養生，吃得有理！

比穿名牌更重要的事

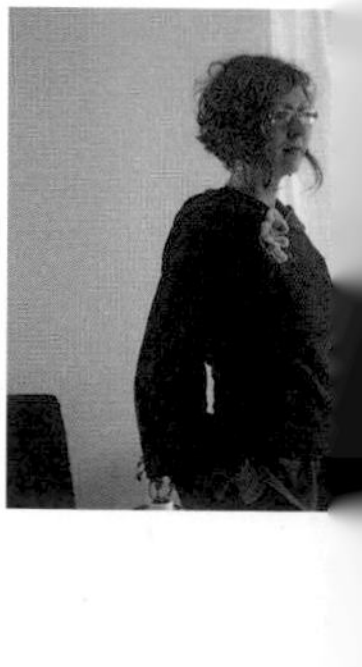

剛到德國第一年冬天，發現我從臺灣帶來的冬衣，全是美觀大過於實用；好笑的是，婆婆知道我帶來的內衣褲不及格，冬天根本派不上用場，還特別千交代萬交代，要先生帶我去買德國冬天穿的厚內褲，不然著涼感冒了，她可不負責。

德國人的穿衣哲學，跟我自己習慣最不同的，大概要從燙衣服說起，以前在臺灣，好的衣服都是送洗衣店，很少有機會自己燙衣服，但來到德國後，卻發現：

德國人對衣著的注重，倒不是狂砸重金買名牌，反倒是將衣服、襯衫燙得整整齊齊穿著去上班很重要。有些龜毛的德國人，甚至連內衣褲也要燙得整整齊齊的！

老實說，我到現在還是沒養成燙衣的習慣，只有一些容易皺的褲子或上衣，或是準備要去參加重要場合的衣服，我才會花點時間稍稍燙一下。

德國人喜歡騎腳踏車，有的是為了休閒健康，有的是上班通勤，有的是到城裡辦事……因為自行車風潮而帶動起來的運動型夾克和衣褲，在德國算是很常見。以前我總覺得運動型的衣服看起來很中性，但後來發現，很多德國女人剪了俏麗的短髮，反而能恰到好處地展現女性風情；德國男人喜歡運動型的打扮，主要是穿起來輕薄保暖又防風雨，而科技感的設計風格更讓他們看起來很性格有型。

那麼，德國人參加婚禮或舞會時都穿些什麼？很多人認為黑色不適合穿去參加婚禮，但很有意思的是，在我第一回參加的德式婚禮中，連我自己穿的黑色旗袍在內，現場竟有一半以上的女士跟我一樣都選擇了黑色做為主色，問了同行的女性友人怕不怕穿黑色被人白眼，她卻說這沒關係。由於黑色的時髦感，德國的女人很喜歡將它穿在重要的場合上！令人意外的是……

德國婚禮的穿衣禁忌竟是穿白色，因為怕會搶了新娘的風采。

至於婚禮的衣著款式，可以說是因人而異，保守的長輩大多走典雅高貴風格，年輕一輩的，有人是以個性或氣質取勝，當然也有人走清涼路線；至於男士們，大都以一套筆挺工整的西裝就出席了。

女人愛買衣服的嗜好，在德國當然也不例外，有機會到慕尼黑或柏林等大城市，一上街總像在看一場多采多姿的時尚秀，讓人看了還想再看。不過，某些個性比較鮮明的女性，如果有一雙巧手及美感，就會自己設計做衣服，我就有一些德國女性朋友有這項專長。每每看到她們親手做的衣服，除了驚艷，有時也會幻想有一天自己能夠親手做一件專屬的雲想衣。

冬天的德國到底有多冷？記憶中最冷的那一年，我住的城市氣溫低到零下二十度左右，那可是待在戶外十多分鐘，就會忍不住心裡吶喊：「我的媽媽咪呀！」猶記得剛到德國第一年冬天，我從臺灣帶來的冬衣，全是美觀大過於實用。好笑的是婆婆知道我帶來的內衣褲也不及格，冬天根本派不上用場，還特別千交代萬交代，要先生帶我去買德國冬天穿的厚內褲，不然著涼感冒了，她可不負責。

公公為了不讓我這個外來媳婦生病，還跟我詳細地說明了德國冬衣保暖的基本配

什麼時候，就穿什麼衣服

在德國，小孩從小就要學習隨著不同的場合與時間調整衣物穿戴。在家可以穿舒適的休閒服，但是睡覺時間就一定要換穿睡衣。到運動場合必須更換運動服，在室內要活動肢體，也需要換穿適當的衣物與室內鞋。偶遇下雨天，要穿上雨褲與雨鞋，還得攜帶室內穿著的服裝；若是幼稚園有外出玩耍時間，小朋友也應該換上雨褲與雨鞋，好盡情玩耍不怕弄髒。

德國人的穿衣哲學一點也不花俏，整齊美觀與場合的實用性才是他們最主要的考量重點。在雨天，德國人就教小孩穿著雨衣，好在雨中玩耍；遇水窪，德國人讓孩子穿著雨鞋，就可以盡情踩水；嚴冬降雪，德國不要孩子穿得像裹棉被的不倒翁，而是教他們只要身體一直活動就有熱能，一件質料好的雪衣外套就能保暖，穿得太厚反而可能因活動而流汗，更容易襲到冷風而著涼……凡此種種的穿衣生活哲學，跟臺灣父母的保護觀是否有差距呢？

備，他說買一件輕型保暖的雪衣很重要，雖然貴了一些，但是為了健康很值得。如果不喜歡雪衣，喜歡典雅風格的大衣，買一件料好保暖的大衣也可以，再加上保暖的圍巾與手套，厚厚的防滑、防水襪和暖呼呼的雪鞋——這樣的冬衣配備才有可能讓人出得了門活動辦事。

想想，自己也算是乖媳婦，有將公婆的話認真地聽進去。因為德國雪季那麼美，我才不要待在家裡乾瞪眼，所以屬於日耳曼人的冬衣哲學我怎麼能不奉行呢！

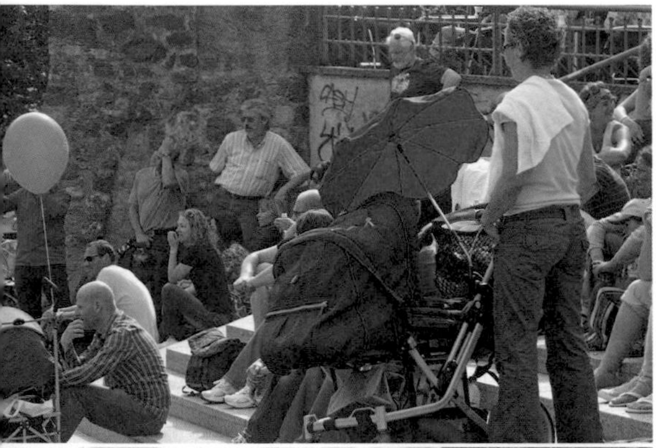

1	2
	3

1 ▎簡單有型的款式成了德國年輕人參加婚禮的特色穿著。
2 ▎夏天的假日廣場，德國人大都喜歡穿得很休閒。
3 ▎厚暖的夾克加毛帽——德國人的冬天喜歡這種打扮。

Part4

幸福・在自覺

樂活需要有意識去爭取

- 六萬人手牽手的街頭反核運動
- 公平交易，小店也能立大功
- 五分鐘熄燈省一千兆瓦電力
- 一台汽車N個主人
- 喜憨兒的幸福咖啡屋
- 紡織廢料也可以變肥料
- 洗過上百回的二手衣最安心

六萬人手牽手的街頭反核運動

我的德國朋友說：德國人勇敢站出來向政府反核，是因為科學數據顯示不可能的事情最後都可能成真。世界上有核能發電廠的國家，都不能再將日本的三一一大地震當成一件新聞而已了。

二〇一一年三月十一日，日本發生規模九點零的大地震。在德國，透過日本大地震體會最多的是，德國人對他國發生的事件，如何在很短的時間裡爭取到全國上下對該事件的反思教育及行動。

三月十一日得知日本大地震消息，我立刻打開電視想進一步了解災況，卻發現德國媒體花了很多時間與篇幅深入探討福島核安問題，然後主持人又馬上帶領大家回顧了一九八六年烏克蘭車諾比核電廠爆炸事件，最後是由現場的學者探討德國本身十七座核能電廠的核安問題。

三月十二日，我跟先生開著車要回公婆家，打開收音機聽到斯圖加特正在如火如荼地進行反核抗議活動，此時我們的車子剛行經斯圖加特開往特賓根的方向。時值初

春，車窗外陽光普照，收音機裡頭，現場記者聲音高昂地報導整個遊行隊伍長得超乎預期，有將近六萬人參加，有將小孩背在肩頭上的爸爸媽媽、有走路需要靠輔助器的八十多歲老爺爺、有諷刺核安問題的反核人士變裝街頭秀……

德國的春日午後，因為反核，社會的各路人馬都兜攏在一起了，大家目標一致，全是為了安全的家園，都是為了下一代的子孫能夠安心無慮地成長。六萬人手牽著手的示威遊行，牽成了一條四十五公里長的正義之道，從斯圖加特到內卡維斯特海姆（Neckarwestheim 1）核電廠。六萬人上街頭的德國民間力量，是綠色和平組織與許多環保團體花一個多月的時間奔走策劃而成，他們集結人民大聲地要求政府當局，在核安意外事件發生前，就該有魄力地停掉德國境內諸多老舊的核能發電廠。

這時，我們車已快駛到公婆家了，收音機傳來一小段專訪，被採訪的人說，她

▌反核改革走上街頭，德國人民永遠在最先鋒（由 www.100pro-energiewende.de/〔100%的可再生能源〕官網提供）。

▌土地和家園的安全，得靠人民的覺醒來保護。

帶著孩子一塊兒來參加，是因為德國境內共有十七座核能電廠，其中就有四座在斯圖加特所在的巴登符騰堡邦，他們對於輻射外洩的問題特別憂懼。她表示今天的反核是一件很特別的經驗，因為在決定要來參加這場活動前，想不到遠在另一個世界的國土——日本，已經示現給世人看，核能問題帶來的苦果與災難。

> 她認為，一個安全的生活環境，不能變賣給政府與能源公司的利益掛勾。帶孩子上街頭，是為了要給孩子一個機會教育，告訴他：民意才是真正可以決定民主國家發展的推促力。

當人民不再沉默，參與更多的環運與社運，這個社會就有可能不被迂腐扭曲的政策所蒙蔽。要一個更好的生活環境嗎？走上街頭，集結大家的力量，改革之旅就是見證民主最好的活教材。

環運人士集結了六萬人上街頭反核抗議，當天同個時間德國總理梅克爾（Angela Merkel）與重要部長級人物召開緊急會議。梅克爾在記者會上說：「我們都知道德國核電廠很安全，也無需擔心地震和海嘯。」接著又說：「儘管如此，我們仍須自問，我們可以從這起事件學到什麼？」不過，兩天後的三月十四日，德國總理改口了，當天她在德國國會下議院中指出，日本核災告訴大家，一切不能再「一如往常」了。

她強調，儘管德國擁有全世界最安全的核能電廠，但發生在日本福島的核電災難卻證明：「實際上，不可能變成了可能。」她指出，發生在日本「完全不似真實的事實」代表著：「情況已經改變了！」她在柏林宣布，暫停去年通過的核電站延長營運期限計畫三個月，在這三個月，德國當局將針對境內十七座核電站的安全性進行毫無保留的徹查，並且關閉七個最古老的核反應場。

在臺灣，只要碰到選戰，就會聽到候選人說人民才是頭家，人民才是政策的決定者，而不是「專家」。所謂的民主國家，政策採行與否必須是由人民參與、做出抉擇，我想這回德國反核民意上街頭，給了執政當局相當的壓力，繼而扭轉核安問題的革命，算是讓我見識到什麼是人民當家，以及人民才是決策者的真義。

我的德國友人告訴我，德國人反核是因為他們清楚知道：

由科技界最難駕馭的核分裂反應獲取能量的核能工業，本質上就是高風險，全世界沒有一個核能專家敢保證核電廠是絕對安全的。另外，核汙染不是只有地震、海嘯才會帶來的意外，早在一九八六年的烏克蘭車諾比核電廠爆炸，歐洲許多地區——包括德國——都受到輻射汙染。

車諾比事件之後，核能的開發與利用就開始備受爭議，所謂的爭議不僅僅在核洩漏、核輻射、核廢料的處理等方面，還聚焦於核能的「剩餘風險」上；不管人類採取了什麼樣的保護措施，使用核能都存在著人類不可預期的風險。德國人勇敢站出來向政府反核，是因為科學數據顯示，不可能的事情最後都可能成真，世界上有核能發電廠的國家，都不能再將日本發生的事當成一件新聞而已了，也無法再將別人家的事當成跟自己無關的事。

任何住在有核能發電廠國度裡的人們，都不能再沉默了！發生在日本的核能事故告訴我們，每一天都可以因天災或人為意外，瞬間將無數生命推向世紀大災難。我的德國朋友跟我說：「開始認真從生活裡節約我們的能源吧！」上街頭吧！當環運團體上街頭進行反核運動，別忘了我跟你分享那些德國人反核的勇氣與見識，更別忘了帶著你們全家大小朋友，一塊兒參與意義非凡的民主改革之旅。

德國優勢

反抗一定要大聲

德國人是完美主義者，也具有最大的公民勇氣。在二戰時，因為群眾的沉默，德國人造成六百萬猶太人死於種族屠殺的慘劇，於是後代的人們學會了，反抗絕對要大聲，也要有行動力。政府決策，人民有責，這中間無可妥協。

公平交易，小店也能立大功

剛到德國時，曾因為想多了解公平交易的理念與商品，在公平交易商店做了半年的義工，結識了一群熱愛環保的媽媽們。每個星期三下午的三點到五點，就是我最期待的時間，在這裡，推廣每一件商品，都是為第三世界的弱勢家庭加油打氣。

在德國生活一年下來，花在買禮物這件事上的費用算一筆不小的開銷，主要是聖誕節、家人及朋友生日的禮品。買禮物事小，但花對錢卻是一門需要學習的課題！來德國生活後，因為接觸到許多公平交易的資訊，影響我之後每一回買禮物的最佳選擇都是公平交易商品。

公平交易商品高速度成長的迫切需求，說明了德國人對人文關懷、環境保育的刻不容緩。在德國談到消費這件事，就一定離不開有機商品及公平交易的話題。

綠色消費意識抬頭，根據相關統計，在德國有一半以上的人知道公平交易，有高達百分之六十四的民眾認為，有公平交易認證的商品，代表嚴格的品管及品質的保證。

全世界近千個大小不等的公平交易基金會及相關機構，以馬拉松式的精神不斷透過相關媒體及網絡資訊等平臺媒介，無孔不入地灌輸公平交易的觀念給每一個可能有意識改變的消費者。

過往那些日復一日、毫無意義的日常生活消費行為，因為公平交易正義的由小化大，已開始從不經考慮到智慧深思的行為驅動，許多人正樂於奔向前參與這場意義非凡的改革活動。廣大消費者希望買到符合道德良知的優良產品，也要求產品在製作過程裡，沒有開發過度和對環境造成傷害的後續問題。

站在第一線的農民們，長久以來飽受付出與收入不成正比的窘困；第三世界國家的農民家庭，根本無法讓子女們接受正常的教育，孩子們必須工作貼補家計。但經由公平交易機制，人們得以運用消費力量幫助第三世界的弱勢族群，而且不是傳統金錢直接援助的方式；購買公平貿易認證的相關產品，讓消費化為助貧的積極行動，最前線的農民與生產者，終於可以得到人性且合理化的工作回報。公平交易在德國愈來愈成熟，也算是德國人一項成功的公民教育，這讓我想起自己在公平交易商店當義工的時候，值班的資深義工Maya女士不斷跟我分享的：

> 千萬別輕忽日常生活裡所做的每一次消費，因為我們給出去的，總會以相同的方式再循環回歸到我們自己身上。

位於羅伊特林根市中心瑪莉亞教堂（Marienkirche）左側旁的Weltladen公平交易商店，創始於一九九三年，當年十八位來自社會不同階層、不同年齡的成員，因有志一同於公平交易的理念，成立了名為Eine-Welt-Vereins.e.v.Reutlingen公平交易協會。十二年來，已經從一開始的十八人小組，發展至現今六十多坪規模大小，有一百多名會員、九十名義工的Weltladen公平交易商店。Weltladen的經營模式是德國目前大小林立各個公平交易商店的範例縮影，這間從早上九點半營業到傍晚六點半的商店，一走進去就可以嗅到不同民族文化的新奇味道。

裡頭賣的東西總計兩百多種，從吃的、喝的、穿的、日常生活用的和臉上擦的，甚至連娛樂用的非洲皮鼓都樣樣俱全。除了販賣琳瑯滿目的公平交易商品，還可以在此享用公平交易的現煮香醇咖啡。店內只有三位全職的支薪員工，整個商店的營運模式是週一到週六，一日三班，由不同的會員及義工輪流看店，或協助文書及貨物整匯之工作。加入協會的年會員費用是二十歐元，協會除了不定期舉辦有關公平交易的講座外，也藉由電子報的方式將每個月店裡的營業狀況整理成報表寄給所有會員。

Weltladen公平交易商店雖然是成員不到兩百人的小協會，卻可以說匯集了社會各行各業的同好齊力為公平交易付出；從退休教職人員到銀行行員，從家庭主婦到郵局工作人員等……進入商店後都有機會看到她們親切友善的笑容。一間小型如Weltladen

公益不缺席的德國人

德國人一般都有參與公益，每個人支持的團體不同；公平交易讓發展中國家得到建設的資源，是誠信的良心事業。支持它，表現世界公民的良知，德國人不會缺席。

1 | 2

1 樂活意味著人類與自然共生共榮。

2 在德國，愈來愈多的消費者希望買到符合道德良知的優良產品，也要求產品在製作過程裡，沒有開發過度和對環境造成傷害的後續問題。

的公平交易商店，到底能不能在競爭激烈的商業市場上存活下來呢？從非營利性質出發，二〇一〇年Weltladen的產品販售總金額為十七萬五千歐元，成果其實相當不錯，這筆錢扣除掉給公平交易貿易合作社進貨的商品、店租費用以及人事費用後，還可以結餘二千到三千歐元不等的款項，而這筆結餘通常是捐助協會當年度討論的公益單位為主。

> 對於公平交易的商店，顧客們上門的印象通常都很驚豔，因為在這裡，可以像尋寶一般不斷發現各種獨樹一幟的手工產品或藝術品，而對於時下許多注重有機飲食的人來說，這裡可是樂活的另一個大本營。

一個美麗的城市，因為擁有一間獨特的公平交易商店而充滿深度與光彩，人們來此尋找她們心目中的公平交易寶貝，也交流了她們對人文關懷、環保生活的心得。對於我這個熱衷關注樂活理念的好奇寶寶來說，一週短短兩個小時的義工時間，是我最快樂的探索時光。雖然我的德語不夠好，不過因為和義工媽媽們一來一往而進步了不少；雖然小倉庫整理工作我頭一回接觸，但倉庫裡每個櫃子上的公平交易創意產品，像是一根點燃熱情的小火炬，推促我繼續在公平交易樂活消費這塊園地上學習……

五分鐘熄燈省一千兆瓦電力

以自身行動投入環保理念，德國人在世界上可算箇中翹楚。在這個國家裡接觸過許多綠色和平組織的會員們，他們對於日常生活的消費行為，往往建立在以謹慎知識做為行動消費前的依據。平常不做多餘無謂的消費，養成好習慣去消費信用品質皆為正面的廠商，讓生產好東西的廠商有能力自己生存下去。

就在你閱讀這段文字的這一刻，樂活運動正在世界各地如火如荼延燒著。不過，高喊樂活口號，嘴上說說很容易，報章媒體上聽到讀到的資訊更是琳瑯滿目，然而是否能夠真正落實，可就不一定了。我在德國生活愈久，愈覺得日耳曼人算是樂活實踐的行動家。

二〇〇七年德國人曾號召一個名為「關燈五分鐘愛地球」的行動，總計有數百萬人參加，這五分鐘熄燈節省了一千兆瓦的電力，據統計，也就是有二千萬個五十瓦的燈泡共同投入了這個環保活動。

這個大規模的熄燈五分鐘，旨在推廣更多人投入行動，支持並加入減緩全球暖化氣候的宣傳。大部分德國人對於投入環境保育真的是熱情十足，在活動未舉行前許多好友就開始跟我分享這個環保活動，之後他們更是競相走告自己在德國的親朋好友一起參與。

以自身行動投入環保理念，德國人在世界上可算箇中翹楚。我在這個國家裡接觸過許多綠色和平組織的會員們，他們對日常生活的消費行為，往往建立在以謹慎知識做為行動消費前的依據。

平常不做多餘無謂的消費，養成好習慣去消費信用、品質皆為正面的產品，讓生產好東西的廠商有能力自己生存下去。德國人平常就喜歡花大量時間了解環保基金會的相關報導，讓自己成為一個具有正確知識的消費者。從吸取知識到精準判別優劣，再晉升為聰明的消費者，成為一道樂活購物的善循環。我的德國好友們就常不嫌耐煩地提醒我，哪些廠商的產品可以買，哪些不良公司必須要以拒絕消費來抵制。

生活在德國的我，關於這個國家人民的樂活行為，印象深刻的還有他們節能節水如命的嚴謹。

關於節水，婆婆跟我説，要記得用很小的水流來潔淨碗盤，因為在德國，水龍頭打開都是可以馬上生飲的水，這麼純淨的自然之水，用來洗碗可要特別節省，以免浪費了好水的美意。

政府為了要節水，更限制一般民眾不能在自家洗車。至於在節能這方面，家裡每一個人都要隨手關燈，晚上睡覺前要將所有的電源插頭拔掉。

德國天堂般的大自然美景，絕不是一朝一夕的成果。德國人民為了環境的保育，展現出不輕易妥協的向心力，令我印象相當深刻的，就是今年為了反核在斯圖加特聚集了六萬人上街頭；而去年名為「斯圖加特21」的遊行抗議，則是為了反對政府策劃

節能、省錢又賺錢，德國人身體力行

關心核能問題的德國人，會先自己身體力行，實踐環保議題的訴求。

早在二十多年前，為了節能，政府政策鼓勵裝設太陽能發電板，民間企業配合推出居家設計以及裝置方式，夏日在家裡洗澡都可以是太陽熱能發電的。擁有寬闊地形的農家，可以申請風力發電設施，再把電賣給附近的小型發電廠，也是一筆互利的收入。民眾都可以向住屋電力徵詢機構提出自家電力浪費與節能的評估服務，以改善家中電力系統，或是改善門窗的設置來減少熱氣四散而使暖氣加倍的問題。從自身做起，既節能也省錢，家中暖器的供電系統搭配自家地下室設置的柴油儲存發電，也讓外來輸電管線的電力降低不少。傳統壁爐，也提倡新型設計燃燒器，在大型鐵爐內燃燒的木頭並不是原木，而是經過廢棄處理強力壓縮的木屑品，在密閉空間內能夠完全燃燒，既減少一氧化碳的產生，也讓燃燒時間更持久，更是木製品的再生利用。

許多節能方式在省電省錢的訴求下，德國人都是從自己做起，一點一滴減少自己家中的能源浪費，更以「關電燈」的具體行為，實踐自身的環保樂活之道。

▍水給人類的美意，需要更多人對用水更加用心，才能夠永續下去。

▍惜水如命的德國人，用水很小心。

的高速火車系統，當時抗議的主題就是這項工程建設將會影響或干擾諸多大自然原始的生態，故要求當局不要興建高速火車。

人們想起德國都會豎起大拇指說，德國人很厲害，有賓士跟啤酒節，然而讓我緊緊跟隨在後，想要虛心向德國人學習的，卻是他們在樂活實踐上所下的真功夫。

一台汽車N個主人

環顧全世界的幾個著名大城市，沒有一個地方不是被汽車壅塞的景象埋沒，面對環保問題及高油價所產生的逆向思考，間接促成了汽車共用概念大展身手，於日耳曼展開它強而有力的綠色改革浪潮。

行動樂活的實踐，讓我們將視野轉向德國，看看這十多年來在日耳曼吹起的汽車共用（Car sharing）概念。所謂的汽車共用指的是一種會員式的出租車業務，許多人共用一台車，不擁有汽車所有權但是卻能自由地使用，德國目前有近十五萬人口是汽車共用模式的顧客，全國有近兩千個據點、四千多輛的共用汽車可以使用。

汽車共用行業興起，業務量幾乎每年都以兩位數的高幅度成長，其中以北德重要經濟文化中心——漢諾威最為顯著，面對高油價與環境汙染的問題，汽車共用以更低價、更環保、更友善的方式來使用汽車，贏得了無數人的認同。

那麼，什麼是汽車共用模式？

汽車共用模式的系統建立在多人共用一部車，會員們每個月繳一定的會費，費用從五到二十歐元不等，想要用車的時候可以上網或打電話到汽車共用公司預約訂車，以漢諾威為例，許多家庭連結自己的親朋好友一起加入汽車共用，一般民間的企業行號、基金會組織也有不少會員。

對於許多長期住在都市或在大都市工作而不用每日用車的人們，還有那些一年行車里數少於一萬公里或日公里數少於三十公里的駕駛人來說，選擇加入汽車共用系統是相當明智的選擇。有買車的人都知道，要養一台車，除了一開始的購車費用，還有保險、修理費、檢查費、保養清潔、油資等。在德國，這些費用加起來就高達數百歐元，而且還很可能與使用車子的效益不相等，許多車只在週末全家出遊時被使用；當然，那些住家在郊外需要每日使用汽車通勤工作的族群就另當別論了。

住在不萊梅的Michael目前在歐盟公共議題基金會擔任專題記者的工作，他使用汽車共用系統已經有二十年之久。他不只本身是汽車共用的會員，更寫了許多這個議題的專題報導。早期不萊梅市政府將汽車共用納入環保市政的策略時，Michael就已經是這個議題的相關工作人員，他提到：

不萊梅目前之所以被人們稱為綠色樂活城市，其實也因為大部分的市民參與了汽車共用的系統，讓整個城市少了擁擠的車輛及汽車排放廢氣。市民們有意識地使用汽車共用系統，也是期望能提供孩子們更大、更天然的成長生活空間。

以Michael自己的例子來說，只有少數時間需要用到車，比如長途的家庭旅行或是遠行拜訪朋友。他表示，這十多年以來，早已習慣以腳踏車代步，往返於住家與工作之間，這樣的行動樂活既健康又省錢，這也是為什麼在不萊梅到處都看到腳踏車一族蹤跡的主要原因。

Michael特別跟我提到，最早的汽車共用模式起源於一九四八年的瑞士蘇黎士，從瑞士到法國，再到荷蘭的阿姆斯特丹，汽車共用概念在九〇年代只能算是意識養成的初期。在二十一世紀文明科技高度發展，人類重新反芻自然環境的思潮真正邁入關鍵一刻的澎湃激盪，汽車共用才從意識概念到真正系統落實的穩定成長期。

德國人做環保，汽油價格含空氣汙染費

德國向來把環保的實踐層面做得很徹底，為鼓勵搭乘大眾運輸系統，德國火車、街上電車、地鐵、捷運、公車，縱橫交錯行駛，非常便利。為處理環保問題，德國的汽油費十分昂貴，因為裡頭加收了空氣汙染費。德國車的銷售訴求，除了設計新穎、現代摩登，也很強調少故障與高省油的務實重點。為了節省旅費，各城市間都有旅人的「汽車共乘」網站，如某人要從南方大城慕尼黑開車到北邊的柏林，為省汽油費（多人分擔油費）並與人方便，他可以到網站上公開尋求共乘的旅客；而有意願的旅客，同樣也可上網找尋共乘的車主，這也是德國年輕人的省錢之道。今日，為節省養車的開銷，不需每天開車的環保族群共同分享一輛車，買賣與使用皆按表填寫，分擔金錢費用與使用時間——務實的德國人兼具需求與使用的經濟實惠方案，可說是利己利人的環保妙方。

他說，歐洲過往這十多年來，汽車共用模式的重新抬頭表徵著以行動樂活來參與「自然環境，友愛共生」的新行動主義。這股風潮也延燒到美國、加拿大、澳洲等國家，而全世界關注地球資源的人們更期待，這個強而有力的樂活行動能夠早日進入亞洲世界，將亞洲稠密的環境空間，改造得更符合人性、更貼近綠色生活，以實現遠古年代裡那份對環境的友善與尊重。

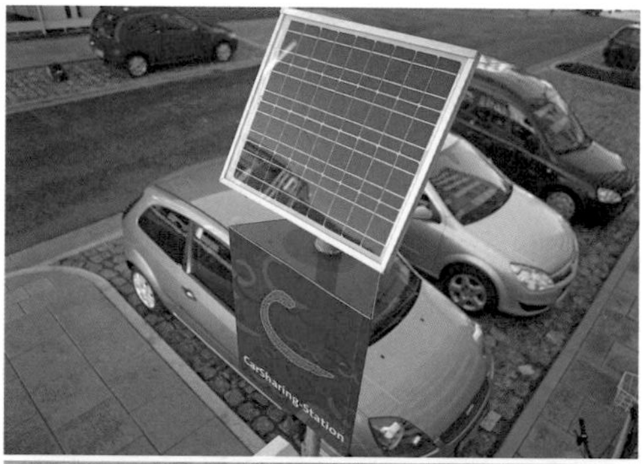

▎汽車共用以低價、更環保、更友善的方式來使用汽車，贏得了無數人的認同。

▎有意識地使用汽共用系統，以期能提供孩子們更大、更天然的成長生活空間。

喜憨兒的幸福咖啡屋

喜憨兒咖啡屋經常高朋滿坐，因為它跟一般咖啡館很不一樣，有著家一般的親切與溫暖，不僅獲得一般市民的喜愛，連羅伊特林根當地一些重要的官員都陸續當過這裡的一日義工，為一般市民送上咖啡。從市井小民到高官顯要，從平凡到不平凡，一杯咖啡傳遞了一次次無國界的心靈交流……

說到咖啡，不禁讓人聯想到時下五花八門的咖啡店，是速食高科技年代下的現代人最快速的情緒療癒劑。人們進咖啡館除了嗜咖啡，也透過咖啡館裡愉悅的環境氛圍得以與友人們輕鬆聚會。

在德國，有間與眾不同的咖啡屋——Kaffeehäusle喜憨兒咖啡屋。這是一個奇妙的地方，在這裡，人與人之間能夠真正打破藩籬界線。咖啡屋裡有許多義工媽媽們與喜憨兒，大家一塊兒工作生活，而一杯喜憨兒咖啡就能讓人沉浸在幸福的懷抱裡。

Kaffeehäusle喜憨兒咖啡屋協會的創辦人蘿絲瑪莉．漢尼斯（Rosemarie Henes）提到二十五年前創立咖啡屋的構想，她說年輕時專攻特殊教育工作，與一群好友常帶著喜憨兒們一塊旅行、跳舞、騎馬、喝咖啡，和喜憨兒長時間的相處經驗，讓她深感面對喜憨兒其實不需要帶著悲憐或同情的眼光……

因為上天賜給每個生命的珍貴價值都一樣，我們可以轉向陽光的地方，欣賞不同的人為世界帶來了什麼稀奇寶藏。

但為何要以咖啡屋的形式做為喜憨兒與外界溝通的橋樑？她說咖啡屋代表了輕鬆自在的休閒時光、也代表了小型社會人際交流的縮影，更是象徵人與人之間情感連結的最佳場所。當人們有機會前往咖啡屋坐下來點一杯咖啡，可能想不到是喜憨兒來為他們點單、端咖啡、送餐點，客人們當下會好奇地觀察喜憨兒，直到後來慢慢發現：原來他們也跟一般人一樣可以工作啊！看著他們為他人服務，自然而然對喜憨兒有了完全不一樣的觀感。

最初相當簡單的想法，卻在二十七年間發揮了它可觀的影響力。許多媽媽們因為這杯喜憨兒幸福咖啡，開始帶著一家大小來到這塊園地付出服務。關於咖啡屋對喜憨兒家庭的影響，擁有一個六歲喜憨兒女孩的Muller女士提到：

喜憨兒咖啡屋對喜憨兒及喜憨兒家庭的協助是很多面向的，因為這個地方的存在，讓很多家庭願意帶孩子正常地面對社會，也建立起新的生活界面。

還記得當初我對Kaffeehäusle的印象是：每次去市中心途中經過，總會被咖啡屋門口那只用陶藝做成的大大咖啡杯，以及白色牆面上的扶疏綠影所吸引。第一次踏進這裡，就先感受到陽光穿透屋內玻璃窗臺那呼之欲出的清新活力，而店內的陳列設計則呼應著這清新滋味；自然通透的大片玻璃外有些簡單的小盆栽，屋內的牆面每個季節會有不同藝術家的攝影作品。此外，還有為孩子們刻意保留的遊戲玩具區；後方還有一區以馬賽克概念做成的戶外咖啡座，以及另一個孩子專屬的遊戲沙堆區。

媽媽跟好友們在這裡聚會時，不用擔心孩子體力沒地方發洩；如果孩子沙堆玩膩了，後方緊臨著咖啡屋的一整片市立公園，也能讓每個好動的孩子盡情地玩耍奔跑。

給他魚吃，不如教他釣魚

德國歷史上曾發生納粹為追求種族優越而殘忍殺害某些族群幼嬰的事件，這是歷史的重大汙點，更是德國民族的「原罪」。有鑑於此，德國社會對於弱勢族群的照顧亦納入社會福利制度內做整體考量，此外，許多民間組織與協會也扮演著重要的角色。德國各地有許多咖啡館是由不同的弱勢族群所經營，如喜憨兒咖啡館，又如民間老年協會低價承租、專為銀髮族所設置的咖啡館，還有不少教會組織所設置的店面等。

這些咖啡館的理念，正是「給他魚吃，不如教他釣魚」的具體實現。德國社會不會把弱勢族群侷限或保護在某一處，許多團體和人們總是不斷地協助弱勢團體融入社會，在街上總會見到父母大方推著障礙兒散步，蒙古症孩子笑臉相迎地與成人們逛街。努力教導弱勢族群社會規則與應對進退之道，陪他們努力學會「釣魚技巧」，若能給他「釣竿」進而教他們釣上魚，即使是很小的魚，父母們也會真誠感動地拍紅雙手——這才是真正的幫助弱勢之道。

這樣一間具有人文創意的概念咖啡館，被它的豐富性及垂手可得的自然環境所吸引上門的，可不只是媽媽們——看看咖啡屋內外坐滿了形形色色的客人，靠窗戶旁的咖啡桌上，一位特教女學生正在為喜憨兒進行電腦教學……

喜憨兒咖啡館經常高朋滿坐，因為它跟一般咖啡專賣店很不一樣，它有家一般的親切與溫暖，不僅獲得一般市民們的喜愛，連羅伊特林根當地一些重要的官員都陸續來這裡當過一日義工，為一般市民送上咖啡；從市井小民到高官顯要，從平凡到不平凡，一杯咖啡傳遞了一次次無國界的心靈交流。

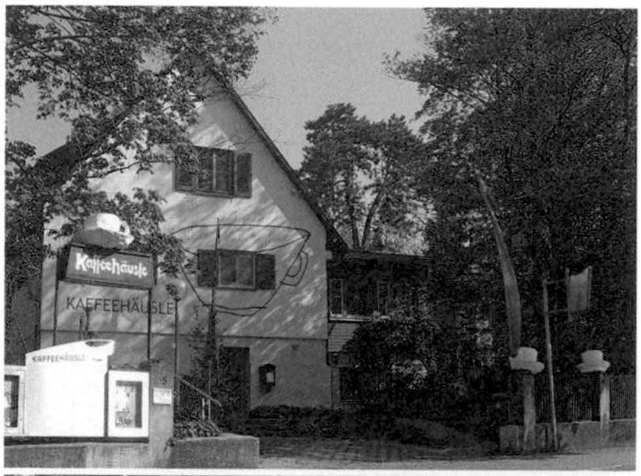

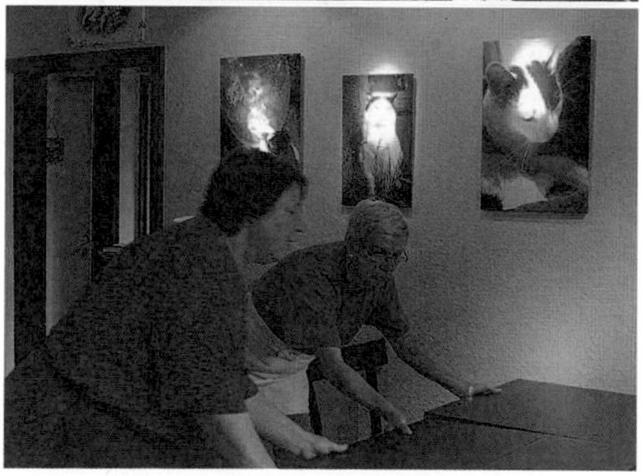

▎溫馨的Kaffeehäusle喜憨兒咖啡屋。
▎咖啡拉進了喜憨兒與一般人之間的距離。
▎喜憨兒咖啡屋的型態，是義工媽媽們與喜憨兒們一塊工作生活。

紡織廢料也可以變肥料

面對化學藥劑侵入人類生活的安全威脅，除了相關當局制定嚴格的法令管理外，或許我們需要知道更多關於綠色經濟崛起的訊息。提到綠色經濟，就不能不認識來自德國環境學者麥克·布朗嘉（Michael Braungart）與來自美國建築師威廉·麥唐諾（William McDonough）共同提出的「從搖籃到搖籃」C2C理念。

這些年在德國引起高度關注的「從搖籃到搖籃」C2C理念，或許仍有許多人沒有聽過，但這個理念讓大導演史蒂芬·史匹柏（Steven Allan Spielberg）大手筆投資兩百萬美金著手拍攝紀錄片，而美國影星布萊德·彼特（Brad Pitt）更將此書比喻為——「每個人一生必讀的書！」

綠色經濟的環保商品開始變得真正有意思，常來自於看似不可能解決的困境，最後卻化險為光明的逆轉驚喜。

舉個例子來說，大家都知道紡織染料被公認為是危險的化學廢料，在瑞士的萊茵河谷地，有一座很古老的紡織工廠名為隆納，該公司在九〇年代初期面臨了遷廠及必須解決毒性廢棄物的問題，但前任執行長愛汀．卡林對這個大挑戰根本毫無頭緒。面對企業因為生產產品卻同時製造出大量環境汙染這種糟糕的商業結果，愛汀．卡林開始思考：有沒有可能讓廢棄物變得對人類、植物和動物完全無害？

換句話說，如果讓紡織廢料可以完全被生物所分解，就有可能解決這個問題。透過一位美國設計師的建議，愛汀終於輾轉找到了C2C理念的兩位發起人，一起討論這個燙手山芋，不久，事情出現轉機。

麥克．布朗嘉的團隊為隆納紡織廠找到化學公司巴嘉基，著手將一千六百種不同的染料進行化學解析，之後成功找出了十六種完全無毒的染料，但藉由這十六種染料卻能製造出所有需要的顏色。現在隆納公司所製造的高品質可分解紡織品，被大量運用在飛機座椅套及其他產品上。

透過麥克．布朗嘉團隊為隆納紡織廠所執行的綠色經濟革命，目前工廠所製造的紡織廢料，可以賣給當地農莊。在冬天來臨時，甚至可以將紡織廢料倒在草莓園裡，當做植物的養分肥料；另一方面，工廠的廢水問題解決了，隆納成功的例子代表著綠色經濟不是天方夜譚——更令人感到鼓舞的是，這只是全球六百多家公司響應的C2C理念其中一例而已。由德國環境學者麥克．布朗嘉與威廉．麥唐諾所提出的「從搖籃到搖籃」C2C理念，試圖讓商品本身得以生生不息地繁衍下去，而不再只能無助地面對商業產品所衍生而出的一連串環境汙染問題。

讓產品在生產過程中更符合經濟效益，並且令使用者能安心使用，自然也會呼應對於環境永續發展具體的支持行動。

「C2C全球狂熱」可不是兩位革命理想家的空談，據了解，目前已經開發出六百多種C2C產品：在未來，福特將推出由大豆和玉米所建造的汽車；Nike也已成功設計出了可回收的球鞋；全球最符合人體工學的辦公椅製造商Herman Miller，製造出幾乎可以百分百再利用的椅子；波特蘭gDiapers公司生產出不含毒素的棉質尿布，內層可在一百天內由土壤分解；中國大陸開始進行永續發展的造城試驗；荷蘭更是進入「C2C狂熱」中，著手打造全球第一個徹底實踐從搖籃到搖籃的國度。

沒資源，就沒有經濟

是否追求環保，就一定衝突經濟發展？是否對物質的追求與進步，就一定會對環境造成破壞與邁向資源枯竭？國家社會不可能停止追求經濟成長與發展，在工業社會鼓勵製造、鼓勵淘汰、鼓勵替換、鼓勵消費的線性思考下，總是掏盡自然資源製造出許多千年垃圾。但在永續經營的環保訴求下，由「搖籃到搖籃」的理念貫徹執行下務求生產對環境友善的物資。這股綠色經濟的成長追求雖然已是全球的趨勢，不過執行還得國家政策的支持、社會企業的協助與生產執行、消費者的購買意願與產品價格的考量，各層面環環相扣、息息相關、缺一不可，如何落實與實踐是德國社會期待的重責大任，希望臺灣也是。

洗過上百回的二手衣最安心

臺灣人自豪的經濟奇蹟，沒有一個城市可以躲得過鋪天蓋地的物質消費！然而，擁有高消費能力的臺灣人，卻並沒有因此獲得比其他民族更多的平安與幸福感……

臺灣因為塑化劑、毒澱粉而引發了社會恐慌，生活在德國的我，並不認為德國沒有這方面的問題。只不過日耳曼人素來嚴以律已，整個社會網絡均以誠信做為基礎結構，化學劑濫用於食品的問題平均來說是有，但還是相當少見。

鑒於對DEHP對生殖系統潛在巨大的影響，德國當局在二〇〇七年已將DEHP連同另外兩種磷苯二甲酸酯類物質列入「化學品淘汰名單」，而根據今年最新的法令規定，二〇一五年這三種化學品將會全面禁止在德國使用。

另外，對於兒童玩具及日常用品安全把關相當嚴謹的德國人來說，早在二〇〇七年的一月就制訂了DEHP、DBP、BBP等化學品法令，所有兒童專屬的玩具及用品，不得使用濃度高於百分之〇．〇一的塑化材料，若產品本身含量超出上述限制，將不得進入市場買賣。

身為父母，意味著要成為孩子們覺知良心的第一個老師。

基於德國嚴格的法令規定，恩典玩的玩具、穿的衣服，全是經過安全控管機構把關認證，才送到寶貝的手裡，這對於當媽媽的我來說，可以說少擔了幾份心。說到德國人怕毒又怕死的個性，我這個人入境隨俗，生活久了，也就開始被同化了。每回收到恩典衣服的第一時間，我一定先看標籤上是否有安全認證的標章，另外在婆婆的叮嚀下，肯定需要先下水洗過兩回再給恩典穿；其他任何布製品的玩具，也統統一視同仁，先下水洗過再放到他的玩具小屋。

記得我的好朋友Steffi曾跟我說：

「德國的兒童二手市集之所以受到父母親的青睞，除了是因為可以花很少的錢買到各種物超所值的兒童用品，另一個重要原因是：一件二手的衣服早已被洗過上百回了，父母親就不需要擔心裡頭可能會有化學物質。」

說德國人怕死，倒不如說她們對於撫育孩子，願意站在覺知力的角度去做事情。Steffi表示，人們常說：「每一個孩子都是國家未來發展的希望。」這句話真正的寬廣含意指的是，整個社會的大人們願意以身作則，勇敢自覺地親自向孩子示範什麼是一個公民的道德情操，如何把守人與人之間的良知與誠信。大人們正面心念所創造出來的環境養分，讓孩子們在這股正向品格發展的生活裡薰陶著；那麼說，孩子是國家未來的希望，其實不過是順水推舟的好因收好果。

當塑化劑事件引起人們的焦慮與痛責時，我手邊正在讀心靈導師艾克哈特・托勒《一個新世界》，裡頭剛好有一段話，為商人們追求自利不顧眾生性命的心念做了相當美妙的詮釋。艾克哈特・托勒說道：「你是個商人，經過兩年的奮鬥辛苦，終於排除萬難，推出一套熱賣又大賺的產品或服務，這樣算成功嗎？以傳統的觀點來說，是的。但事實上，你花了兩年的時間，以負面能量汙染你的身體和地球，讓你自己和周圍的人都同受其害，同時也影響了很多素昧平生的人。這些行為背後的意識假設是：

驚人的「拒買拒吃」行動

對健康的憂患意識，是德國人最看重的重大議題。如同臺灣的塑化劑事件，德國近年來在食品安全上也有數起重大新聞，一是西班牙小黃瓜的安全恐慌，二是被汙染的有毒飼料造成的毒雞蛋事件，三是疑似遭大腸桿菌汙染的豆芽菜事件等等。只要是「疑似」事件一發生，該商品絕對是滯銷並損失慘重，超市裡的黃瓜放到爛都乏人問津，就連新聞澄清一人要在一天吃下八十顆毒雞蛋才有安全上的顧慮，也沒有用；豆芽菜事件使得中餐廳都貼上告示聲稱炒菜中不放豆芽菜……此類驚恐的「拒買拒吃」行動搞得西班牙農人集體要求德國政府賠償巨額損失。

消費者自身的「拒買」行動，有著最大的殺傷力；一個公民意識成熟的社會，除了政府檢疫單位的嚴格把關，消費者自身的憂患意識所引發的購買力與經濟力，才是最大的力量。由此來看，針對食衣住行育樂，從幼兒到成人都要以「安全無虞」為最高指導原則，這一點就是商品要能在德國社會中立足與銷售的最重要關鍵了。

1 ▌大人們正面心念所創造出來的環境養分，讓孩子在這股正向品格發展的生活薰陶著，說孩子是國家未來的希望，不過是順水推舟的好因收好果。

2 ▌德國媽媽愛買兒童二手衣，因為洗過上百遍的衣服比較不用怕毒害。

3 ▌德國媽媽們懂——以身作則，就是給孩子最好的幸福回報。

成功是個未來事件，而最後的結果可以讓所有手段正當化。但是，結果和手段是一致的，如果手段不能對人類的幸福與快樂有所貢獻，結果就是創造更多的不快樂；這是個有業力的行為，在無意識中永遠存在的不快樂。」

臺灣人常自豪的經濟奇蹟，沒有一個城市可以躲得過鋪天蓋地的物質消費！擁有高消費能力的臺灣人，卻沒有因此獲得比其他民族更多的平安與幸福感。為了製造商品卻罔顧人命的現象，提醒著臺灣：靈魂底層裡的覺知能力需要清醒過來，每一個大人都該負起責任，以覺知良心以身作則，送給下一代最寶貴的幸福回報。

Part5

幸福．在創意

讓制式的生活多點瘋狂

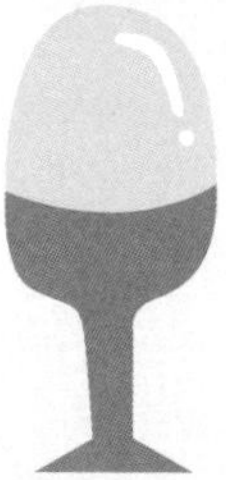

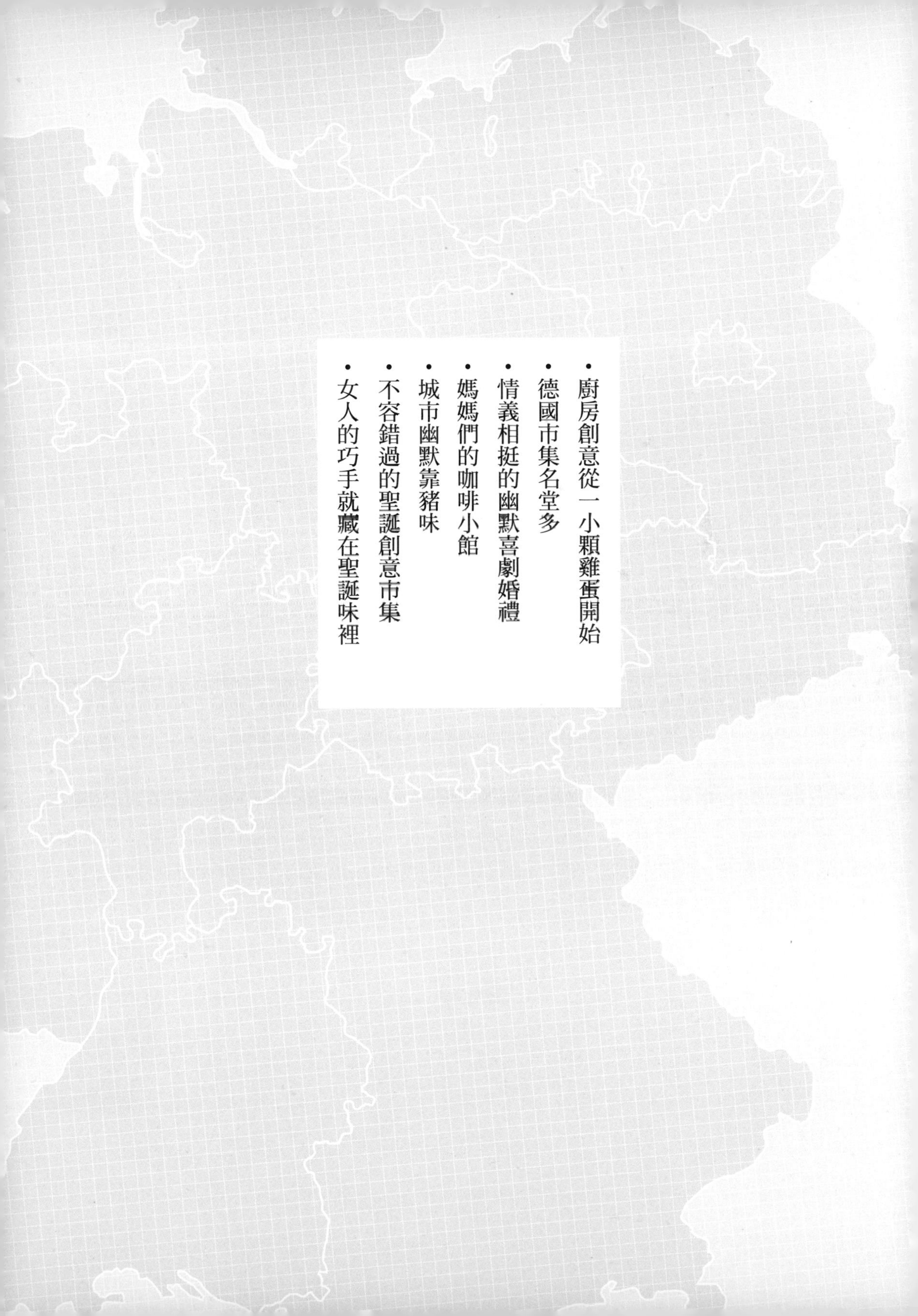

- 廚房創意從一小顆雞蛋開始
- 德國市集名堂多
- 情義相挺的幽默喜劇婚禮
- 媽媽們的咖啡小館
- 城市幽默靠豬味
- 不容錯過的聖誕創意市集
- 女人的巧手就藏在聖誕味裡

廚房創意從一小顆雞蛋開始

談到設計創意，就不得不來談談德國人的廚房。注重設計實用性兼功能性的德國人，特別喜歡在廚房的小東西上，大膽地發揮創意；德式廚房小創意最具代表性的設計，就從一小顆雞蛋開始。

提到蛋的創意設計，光我知道的就有煮蛋器、煮蛋用的計時器、幫蛋設計的保暖蛋衣、充滿童真圖樣的蛋杯、吃蛋的專用小湯匙、開蛋器等等。還記得剛到德國生活時，第一回看到蛋衣及蛋杯，除了覺得新鮮外，也開始關注起各種蛋蛋的創意。前一陣子我在藝術市集裡挖到一個蛋寶，是一位退休的媽媽將手繪動物的點子，發揮在蛋的創意系列上。

德國人對生活事事講求規格化及效率化，就連廚房生活也展現了十足的德式精神。

拉開五斗櫃的抽屜，裡頭的刀叉、大小湯匙，一一歸類整齊又壁壘分明；再打開酒杯類的櫃子，更要忍不住驚呼德國人暗藏了一整櫃的大小酒杯！對於我這個習慣一個杯子喝遍各種飲品的臺灣人來說，可是花了很久時間才區別出哪種是喝香檳酒的杯

1
2 3 4

1 ▍我在藝術創意市集挖到的蛋寶媽媽，退而不休將手繪蛋的創意發揮得令人印象深刻。

2 ▍看看這些五彩繽紛的小布套，它們就是在冬天蓋在蛋上的蛋帽哦！

3 ▍德國人為了幫蛋保暖而織的蛋衣。

4 ▍一顆蛋的小創意，讓吃蛋這件事變得很有趣。

子、哪種是啤酒杯，還有白酒與紅酒的杯子……傷腦筋的是，我到現在還是無法在先生即興測驗我時，反應快速地立刻回答，那人手上拿的是哪種酒杯。

這輩子吃的最多沙拉，就從我住在德國後開始，而我，當然也逃不過煮婦料理三餐——洗菜拌沙拉的工作啦！多虧有德國人發明的生菜瀝水盒，只要將沖了三回水的生菜，全部放進生菜瀝水盒裡，再把盒蓋上的繩子大力拉到底，脫繩拉個幾回，菜葉上的水全都在瀝水盒的底層了。像這樣的創意設計，真的是方便又實用，也讓沙拉吃起來輕爽順口。

有句話說，德國人進廚房像在搞化學實驗……

這可不是玩笑話，我的婆婆在廚房煮飯，真的有一堆看起來只會出現在化學實驗室的工具，溫度計、量杯、滴管、天平、計時器，一應俱全地擺在料理書旁。婆婆煮飯的德式精神是這樣的，書裡說油量要兩百克，她就會精準到一滴也不超過——習慣照著料理食譜書提供的資料來烹調，是因為德國人相信：只要照著料理書的步驟指示做，端上桌的菜餚就會有八九不離十的美味。

德式廚房值得一提的另一點，則是吃完飯後的鍋碗瓢盤。若沒有便利的洗碗機，在所有器具洗乾淨後，他們會準備好幾塊吸水布，親手一碟一盤一匙一刀，一件件擦得乾淨又發亮，再一一歸回抽屜原來位置。記得剛來德國，對於洗碗後的這道步驟，我總覺得麻煩又費時。直到後來有一回，Geli跟我說起，她爸媽到現在都已經七十多歲了，也不是沒錢買洗碗機，卻仍親手洗擦碗盤。她問了雙親後才明瞭，原來每天洗碗與擦碗的半個多小時，是他們夫妻倆最享受的心靈交流時間，常常是媽媽洗著碗，爸爸就在一旁慢條斯里的將碗盤擦乾，兩人一來一往的鬥嘴與笑聲不斷，成了一家人晚餐後最溫馨幸福的句點。

一把菜刀無法打遍天下無敵手

德國人重視工具的實用與功能性，正是德國煮夫煮婦們收藏廚房小玩意兒的大樂趣所在。

不像臺灣傳統廚房裡一把菜刀打遍天下無敵手，切魚切肉、剖肚剃鱗、壓蒜去皮，一把搞定。德式廚房裡大小刀具不計，依功能性就有分切魚、切肉片、切麵包、切起士、挖果小彎刀、切菜小平刀等，還有壓蒜器、捶肉器、刨絲器、切披薩小滾輪……再加上平日使用的大小刀叉、湯杓食匙，琳瑯滿目，讓人驚艷不已，也增加許多使用上的樂趣與創意。不只是廚房，就連花園庭院也是工具一堆，長短不一的各式花剪、壁邊雜草的尖嘴花剪、專拔蒲公英根的挖器、專除石縫間的刀剪……

所有工具並非是專事職工才擁有，而是一般家庭戶戶皆有，只要是訴求某種特殊功能的工具，材質禁得起考驗，德國人就愛製造與買單！不僅創意無限，更是商機無限！

德國市集名堂多

想要感受日耳曼風情文化，一起來逛逛一年四季各種不同主題的市集吧！

如果說臺灣的夜市生活，可以讓人充分感受福爾摩沙的在地活力，那麼德國一年四季各種不同名堂的市集，也可以算是感受日耳曼風情文化的最佳捷徑。

春末夏初，許多大小城市最熱門的園藝市集，可以見識到許多園藝創意。對花園休閒生活相當熱衷的德國人來說，走一趟園藝市集，不僅是吸收最新的園藝點子，還可順便買這一季花園裡需要的香料植物或花種。此外，隨著園藝生活而創造的周邊商品與設計，也有它獨樹一格的看頭，例如掛在庭院樹上以純天然麻布及帆布編織成的休閒吊椅、安置在花叢間的藝術馬賽克等。一天逛下來，若肚子餓了，市集內也有小吃攤，可買些德式的麵包與香腸解餓充飢；想小憩一會兒歇歇腳，美麗花店旁就有臨時的咖啡店，讓人可以來個浪漫的咖啡時間。

另一種有趣的市集，叫做中古世紀市集。這十多年來德國正流行「中古瘋」，各地出現了大大小小的中古世紀俱樂部，俱樂部不定期會到野外大自然，進行兩天一夜或更多天的中古世紀生活體驗。曾問過身邊熱衷於中古世紀生活瘋的朋友為什麼喜歡，有人說是因為厭倦了高科技壓力，渴望回到中古時代那種自然原始的單純自在；

在中古世紀市集裡，體驗婦女們以傳統簡單機械進行紡織工作的古樸樂趣。

有的人跟我說是受了電影《魔戒》的影響；有的人說體驗中古世紀生活可以重新感受更多的身體勞動及手作，讓忙碌的生活有機會慢下來……

那回我拜訪的中古世紀市集真的令我大開眼界，中古世紀裡男人專屬的刀劍、盔甲戰衣、女人以傳統紡織機織的布段；屋子裡以木材燒水兼烹調的景象；在市集裡身著中古風格的衣服……在在都讓人以為自己正置身於中古世紀的村落裡呢！德國的中古世紀市集不像園藝市集那麼普遍，所以只要人們一打聽到哪個城市有此類市集，即使有點遠也會心甘情願開著車趕去體驗一下。像這樣的市集大多需要買門票，票價從五到十歐元不等。

說到德國五花八門的市集，我最愛去逛的就是藝術手作市集啦！一方面是自己喜歡，一方面則是因為：

從藝術市集裡形形色色的手作攤位，可以窺見德國人是如何發揮創意將生活變得有趣又豐富。

我參觀過六次不同的藝術市集，手作藝術家們在產品創作上的豐富變化，可真的是讓人愈看愈欲罷不能。同時，我也發現到，市集裡頭竟有八成的手作藝術家都是女性，而且有許多是孩子長大後，媽媽們各自闢門獨當一面的事業第二春。

像這樣的藝術市集，藝術家們大都需要自己掏腰包花個兩百到三百歐元，在市集內租下兩天的場地。

曾跟某位做紙燈藝術的手作家問起，在藝術市集擺攤自售產品效果如何，她苦笑地說：「即使在半個德國不定期的跑場擺攤，銷售充其量就只能收支打平吧！」如果不是對手作藝術有高度熱情，這的確是蠻令人喪氣的。這位手作藝術家的心情，我大概能夠了解，因為進入市集看熱鬧的人多，買的人少。

德國超時髦的生活情趣——趕集

在德國人心中，家是神聖的殿堂、心靈休憩的場所，所以住宅區、商業區或遊憩區絕對不同，德國的住宅區最強調寧靜的生活、靜謐優雅的私密空間。偏偏人也是群居的動物，喜歡住宅區的安靜，也喜歡人與人親切互動的溫暖，偶而也愛逛街遊玩的熱鬧，所以從平日生鮮蔬果市集所衍生的各種主題市集活動，就成了德國人在週末閒逛採買的好去處。一年四季，從春暖花開的嘉年華市集、春天市集、復活節市集、創意市集、手工藝市集、五月市集、藝術市集，到夏日市集、花園市集、城堡市集、綠生活市集、園藝市集、中古市集、秋天市集、洋蔥市集、南瓜市集、冬天的聖誕市集、糕餅市集……等，形形色色的主題市集，不只讓趕集人忙於奔赴各地，在地居民也有可以出外賞心悅目消磨時光的好理由。或許單純欣賞遊玩的人居多，但市集裡店家與買主間的閒聊互動，多了許多人際交流的韻味。有別於一般店面商業邏輯以價格取勝，市集裡有閒聊間買賣雙方對於商品故事產生的好奇，也有買主識貨欣賞的品味愛好，讓趕集成了一種風雅與時髦的居家情趣。

▎德國的藝術手作市集是挖創意寶貝的大本營。

▎逛逛五花八門的市集，享受一下創意多多的週末假期！

▎退休的阿媽、中年二度創業的媽媽，再加上新一代的女兒，這三代同堂的藝術手創令人印象十分深刻。

德國的藝術手作市集像一場美感的心靈饗宴，從陶土創意到用舊布融合新布設計而成的包包、火烤燒製而成的五彩玻璃珠串起的晶透項鍊、以羊毛氈做成的生活用品、回收報紙做成的大型人體裝置藝術……想要品味一下日耳曼人的創意生活？來德國時別忘了走一趟藝術市集，肯定讓你流連忘返。

情義相挺的幽默喜劇婚禮

關於德國人之間的情義相挺，可是相當徹底的。一般來說，除非新人經濟狀況真的很不錯，才有可能承擔下婚宴賓客的飯店住宿費用；而參加婚禮時，若能為新人分擔花費，自付飯店夜宿費用，那是很夠朋友義氣的。

參加過五場德式婚禮，新人平均年齡在三十到四十歲之間，雖然每一對新人的經濟能力都有小康程度，但是德式婚禮的簡樸不鋪張，加上幽默又豐富的流程，都讓每一位親朋好友得以盡情盡興地享受這個特別的美麗日子。

說德國人很直接又實際，這點表現在婚禮上可真是淋漓盡致。在德國，許多剛起步成家的新人，最需要的就是家電用品，這時親友們會問清楚新人們的實際需求，不包禮金改送禮物就變成最恰當的選擇。

我的一對朋友在結婚前，列了一張長長的清單給眾親友，所以結婚當天的禮物長桌上，擺滿了包裝精緻的禮品，裡頭全是蒸蛋器、果菜榨汁機、咖啡杯、烤麵包機等用品。另一對朋友更是直接在結婚邀請卡上表明不收禮物，但是需要禮金，因為要去度蜜月的錢還沒湊齊呢！

談到德式婚禮的一般流程，早上要先到市政廳登記，這時重要的家人會一同前往觀禮；如果新人是基督教或天主教徒，登記後還會在教堂舉行一場結婚儀式，結束了再前往餐廳喝香檳祝賀新人。緊接著登場的是下午茶時間，傍晚七點開始晚餐，婚禮進行一天下來，重頭戲總是在德國人喝上好幾瓶酒後開始登場，雙方家長或新人的結婚感言、新娘丟捧花、晚餐後開始的遊戲、男女老少使出全身解數盡情熱舞等。

還記得第一回參加的是大姑的婚禮，玩相框對對照遊戲，每個人依著自己抽到的紙，找到另一個婚宴裡的伙伴，站到攝影師前，一起舉著相框發揮獨有創意，看要擺出什麼樣的搞笑姿勢，為新人們留下這一夜最美好又幽默的回憶。我還記得，大伙兒拍照拍到後來都玩瘋了，到處拉著不同的人一塊兒搞怪拍照。

而小姑的婚禮最令人印象深刻的是，她自己花了兩個月時間手工縫製而成的簡約婚紗，我問她婚禮從早到晚就穿一套白紗不會太少嗎？她表示：

「婚禮新娘雖是主角，也不需要將自己搞得像在做婚紗秀吧？那樣很累欸！」

她寧可利用那些換裝時間，到每一桌去跟朋友們聊天，吃一頓美食，好好放肆地跟大家一起熱舞……這樣的婚禮才夠讓她回味無窮！

先生的弟弟聽到她跟我這樣說，還適時補充了一段：礙於他們倆經濟狀況只能負擔得起婚宴場地及餐飲支出，夜宿飯店的費用幾乎都是親友們自己負擔的。關於德國人的情義相挺，可是相當徹底的，除非新人經濟狀況真的很不錯，才有可能承擔下賓客的飯店住宿費用，所以參加婚禮時，若能為新人分擔花費，自付飯店夜宿費用，那樣很夠朋友義氣——德國人的面子能屈能伸，行就行，不行就不行，少掉了打腫臉充胖子的不實虛華。

德國的婚禮好嗎？我自己相當樂在其中。我享受婚禮的輕鬆與自在，沒有那麼多的習俗與框架在那裡，要人們相信唯有照著傳統禮俗走才會保證幸福；我喜歡德國人酒過三巡之後，那種無拘無束又帶點瘋狂的樣子；我喜歡德國人實際又直接，簡約辦

婚禮是德國人生活的潤滑劑

德國婚禮就像一齣充滿笑聲的幽默喜劇，對一向嚴肅的德國人來說，在婚禮上與親友的相聚，讓人從僵硬無趣的生活中釋放，樂得輕鬆自由，可以藉酒裝瘋、盡情跳舞。婚禮的派對中，沒有嚴肅對談，也沒有嘮叨碎嘴，只有分享喜悅、製造歡樂。

德國人講究深度，婚禮自然也是，很多婚禮從早上到午夜，有些還來個三天兩夜歡度週末，從見證到教堂觀禮，一直到飯店用餐住宿。另外，婚前已有孩子的，還可以抱著剛生出來幾個月的孩子受洗，孩子的受洗也一起邀親友參加，雖說是嚴肅卻也非常熱鬧有趣。

此外，有些婚禮也會安排一些餘興節目與休閒活動，就像與大家一起度假，讓認識與不認識的人都可以在這個婚禮感染喜氣與歡樂，與制式的生活做一個區別，在略嫌單調的德國制式生活中，婚禮無疑是個很好的潤滑劑。

婚禮的不鋪張；我享受看著公公婆婆，兩人結了四十年的婚，一登上舞池卻彷彿才像剛新婚不久般甜蜜共舞、忘我地沉浸在幸福的愛河裡……

1 ▎德式婚禮的幽默，是要來賓們在相框前來張搞笑照做為新人們的留念。

2 ▎大姑的婚禮。教堂證婚儀式後，新人步出教堂接受花童們的花瓣祝福。

3 ▎公婆兩人在婚宴上熱舞得好不甜蜜。

媽媽們的咖啡小館

當媽媽是女人一生中非常與眾不同的體驗之一，然而，媽媽們歷經生兒育女的過程之後，是否還有機會重新走入職場呢？讓我們一起來看看這些德國媽媽如何兼顧家庭和事業，完成夢想吧！

自己當了媽媽之後，關注的議題除了家庭教育這一塊，也開始對媽媽們在養育孩子後的生涯發展有高度興趣。一個女性在走入婚姻、進入家庭，經歷了生兒育女的階段任務之後，不免會思考再度就業的可能性——家庭與事業的兼顧，相信是很多媽媽的夢想。

關於德國的媽媽們如何兼顧家庭與事業，我想媽媽們的咖啡小館也許值得大家花些時間來了解一下。位於羅伊特林根市中心，有一家名為Kathrinchen的咖啡小館，第一回看到它的時候，是被招牌上薄荷綠的幸運草所吸引，後來實在太好奇了，乾脆就進去點了杯咖啡，享受悠閒的下午茶時光。

為我送來甜點與咖啡的Heike是這家咖啡館的女主人之一，我一邊喝著咖啡，她一邊跟我聊起當初開始與一群媽媽們共同創業的理念。故事要回到二〇〇八年的時候，當時她在梅欽根（Metzingen）成立了一個名為Spass + Co.的兒童看護營區。

兒童看護營區的構思主要是方便前往大賣場購物的父母親，可以將孩子寄托於此，得以享有半日或一日的輕鬆購物時間。

而看護營區不僅僅是看護孩子，也提供給孩子們多樣化的遊戲活動，例如臉部彩繪比賽、魔術氣球、戶外攀爬設施、旋轉木馬和溜滑梯等，他們可以在此玩得不亦樂乎。她表示，當初只是一個相當單純的理由，想為同樣是父母的族群，創造一個半日的忙裡偷閒時光，沒想到父母親的反應很好，Spass + Co.兒童看護營區兩年多經營的成功口碑，間接促成她將此創意延伸至媽媽們的咖啡小館。

媽媽們的咖啡小館由四位平均年齡約四十五歲的媽媽們所組成，她們的孩子從十歲到十八歲不等；上班就以每一個人兼顧好家庭後的剩餘時間來排輪班，如果有些時段剛好大伙兒都無法來咖啡館，就雇用工讀生來幫忙。咖啡館特色在於提供給媽媽們進市區短時間（一至四小時不等）的兒童看護。

這樣的便利性主要是考慮到很多母親可能一下子找不到臨時褓母，但又需要到市中心處理一些私人事務，如與醫生有約診、短時間的購物採買或一些不定期性的公事處理等。Kathrinchen咖啡館提供的兒童看護年齡從一歲半到十歲不等，以鐘點計費，一個小時約為五歐元（臺幣二百元左右）；但媽媽若在館內點了咖啡，或做了其他消費，看護的費用就變成以半價計算。

一間以孩子為主的咖啡館，當然少不了最重要的兒童遊戲間了。兒童遊戲間有孩子玩家家酒的遊戲臺、各式的積木與玩偶、小型的廚房料理遊戲臺、繪畫與做黏土的工具等，另外也有孩童們專用的廁所間，該為孩子顧及到的，這裡一應俱全，而且這個遊戲間固定都會有一至兩位媽媽輪流陪孩子們玩。值得一提的是，Kathrinchen咖啡館在不營業的星期日還提供場地外租，主要服務的對象還是以父母親為主，如一般的家庭聚會或為孩子辦的生日舞會。

關於媽媽們家庭與事業兩全其美的夢想，我在Kathrinchen媽媽們的咖啡小館看到了幸運草的希望。一群娘子軍組成的事業伙伴，因為有身為人母的經驗，她們更懂得每一位母親最渴望的需求；因為擁有女性先天的直覺敏感度，也更懂得如何向進來的每一位客人，送上最溫暖的咖啡醇香。

去咖啡館喝咖啡不只是年輕人的雅痞

德國飲料銷售第一的產品，是否是大家認為的啤酒呢？不是的，德國最受歡迎的飲品其實是咖啡。德國咖啡館不只是雅痞年輕人消磨時間的去處，而是各年齡層、各族群邀約的聚集地，如喜憨兒咖啡館、媽媽的咖啡館、銀髮族咖啡館、可供身心障礙者與家屬前往的協助者咖啡館等。各種咖啡館不只因個人與商業利益而存在，許多由教會組織所贊助、由公益團體獲得政府協助低價承租場地、由運動協會所合作經營的咖啡館，都是某一群體所自發組織、運作消費的場所。平日裡，大家也樂於參與各種咖啡館的成立與運作，並且消費與支持，讓社會各角落群體衍生許多動人生命故事的感人詩篇。

1	
2	3

1 ▌淡薄荷綠與刷白的色系搭配，讓小空間也能有自在的呼吸。

2 ▌遊戲室各式各樣的玩具是孩子們的天堂。

3 ▌Kathrinchen咖啡館以其清新風格為創意基調。

城市幽默靠豬味

德國人喜歡將幽默帶進城市，那份創意讓我想到德國友人說的，如果想要告訴人們一些嚴肅的事，記得一定要帶有獨特的幽默，否則效果會大打折扣。這樣的態度或許也可用在德國人打造城市的哲學上，將豬味的幽默放在一座有悠久歷史的城市裡，讓人感知古老與現代間的相融和諧，公共藝術的美也變得更加輕鬆有趣。

說到德國房子的特色，大家最熟悉的就是鼎鼎大名的包浩斯了，包浩斯的建築風格在大城市相當普遍，以汽車工業城著名的斯圖加特，商業區到處都看得到許多奇異造型的四方型建築大樓。另一個大城市卡爾斯魯厄也毫不遜色，向市中心一眼望去，高低交錯的角形體建築在夏季陽光的照射下，顯得相當突出。

然而對於喜歡從小地方窺探日耳曼人文風情的我來說，最常帶著相機捕捉的畫面卻是一些小城裡的趣味幽默。還記得第一回走進羅伊特林根的市區，原本準備要去藥局買些花草茶，卻在入口旁發現了一隻同我一樣高的五彩銅豬，一看到繽紛小豬，我立刻忘了還有正事要辦，迅速找起最好的角度，為繽紛豬來幾張美美的照片。從第一回在城市角落與豬相遇後，我開始好奇心大發地想到城市的各個角落裡，去瞧瞧其他不同款式的豬模豬樣。

就這樣，在羅伊特林根我找到了將近十隻的銅豬，有一隻在公園、有一隻在書店前，還有一隻就在住宅區內的轉角處……這些銅豬全都出自於不同藝術家的創作，以豬為題的公共藝術，在不同的城市都可見其身影。有一回我去拜訪大姑，享用完午餐後，她找我到她家附近的市區走一走，沒想到某家咖啡廳就以一隻倒掛的麵包花豬做為其特色；轉個彎，另一隻畫滿了綠葉的綠花豬被架在藝術工作者的木製窗口上當招牌，一趟四十多分鐘的市區散步，我因為又發現了兩隻可愛的豬仔而開心不已。

德國人喜歡將幽默帶進城市，那份創意讓我想到德國友人說的：

如果想告訴人們一些嚴肅的事，記得一定要帶有獨特的幽默，否則效果會大打折扣。

這樣的態度或許也可用在日耳曼人打造城市的哲學上，將豬味的幽默放在一座有悠久歷史的城市裡，讓人感知古老與現代間的相融和諧，公共藝術的美也變得更加輕鬆有趣。

除了豬仔的藝術味，德國還有一個城市也跟動物有關，那就是著名的泰迪熊博物館所在地——吉尼根（Giengen）。

一踏入吉尼根小鎮，就可以感覺到這裡絕對是一個熊熊迷出沒的最佳據點。對於那些瘋狂於蒐集各式泰迪熊的熊迷來說，能夠親自走訪一趟史黛芙博物館必定是他們的畢生夢想。

當車子緩緩開近吉尼根靠近博物館前的巷弄街道時，就開始嗅到一陣陣的熊味出沒。許多商家的前方都放了五花八門的泰迪熊藝術裝置，這裡的熊味可能出現在一個角落的轉彎處，或者是冰淇淋商家前的招牌前——還沒進入博物館，就可以感受到整個吉尼根因為史黛芙泰迪熊的存在，而彷彿置身於一個夢幻的時空中。

下回到德國拜訪時，別忘了將小城市小景點放在旅行的計畫裡，因為那些小地方最容易讓人貼近日耳曼風情裡的獨特幽默。

德國幸運豬嘴裡也含金幣——巧克力口味

在德國，新年之始來個祝福好運到的「幸運豬」飾品（Gluecksschwein），那可是百分之百受歡迎的祝福。年初時，糕餅店或麵包店會紛紛擺上幸運豬造型的麵包、杏仁甜點或是巧克力，這些都是典型的幸運象徵物。有趣的是，有些幸運豬嘴裡還含上一片巧克力做成的金色錢幣，宛如臺灣的發財豬，德國與臺灣居然有相同的幸運物造型，祝福大家幸運如豬、財源滾滾、諸事大吉、「豬」事平安。

若在德國各城鎮——如不萊梅（Bremen）——的公共空間，發現可愛逗趣的豬隻或是其他動物的造型，除了是城市造景的藝術設計之外，常常也代表著該地點正是城鎮早期集市——豬隻或牛羊交易的羊墟、牛棚、豬市的舊地，在城市的發展史中扮演重要意義。古早時代，由於城鄉間農人與牧人驅趕動物入市買賣的傳統，動物也自然而然被視為財富象徵，所以才會有那麼多童話故事由買賣動物而來。下次在德國城市看見逗趣的公共藝術設計，不妨猜猜這些設計背後許多有意思的故事吧！

1 |
2 | 3

1 ▎綠花豬變成了藝術工作室的活招牌。

2 ▎窗口前的綠花熊也是許多旅客愛取景的影像之一。

3 ▎商家前的五彩豬不曉得有沒有帶財的好預兆。

不容錯過的聖誕創意市集

十一月底，全德大小城市超過二千五百個聖誕市集，大張旗鼓地為聖誕節高唱前奏曲，在德國的聖誕市集尋寶，是體驗德國聖誕氣息一種絕不容錯過的旅行方式。

聖誕節從早期被人們視為基督徒慶祝耶穌基督誕生的紀念日，現今已演變為全世界各地親朋好友歡聚的溫馨假期。

聖誕節的來臨，提醒著人們回到家人之間親密的團圓時光，這份意義，讓這個節日成了德國人一年一度中最重要的日子！

聖誕夜裡全家人齊聚一起高唱《平安夜》，聖誕樹下擺滿了每一個人精心為家人選購的祝福禮物。為了迎接這個一年中最重要的節日，從十一月底，全德大小城市超過二千五百個的聖誕市集，早就大張旗鼓為佳節高唱起前奏曲。在德國聖誕創意市集（Weihnachtsmarkt）尋寶，是體驗德國聖誕氣息一種絕對不容錯過的旅行方式。

十二月的德國，氣溫大概在零下五度至十度左右，我住的地方也連續下了一個星期的雪。不過，這冷颼颼的天氣可阻擋不了一批批大量湧入聖誕市集的德國人。

聖誕創意市集到底賣些什麼東西？愛斯林根（Esslingen）是德國頗負盛名的聖誕市集，主要是因為它以中古世紀為主題的風格。來到愛斯林根時已經是下午五點多，整個聖誕市集擠得水洩不通，這裡有大約一百多個用木頭打造成小木屋模樣的市集商店，分為兩大部分，前方的現代聖誕市集和後區塊的中古世紀聖誕市集。

在現代聖誕市集裡面，有販賣蜂蜜做成的各式形狀蠟燭、木工創作的各式聖誕掛飾、德國天然的花草茶飲、手創藝術家自製的玫瑰皂塊、玫瑰蜂蜜茶飲、陶藝家們的手創作品等。來到後方的中古世紀聖誕市集中，商家老闆們各個都穿上中古世紀的衣服。在這一區，可以買到中古風格的禦寒衣物，我找到了一攤專賣斗篷大衣的店家，試穿起如哈利波特主角們身上的黑色大斗篷，穿起來很溫暖，一件要價一百歐元（合臺幣四千元左右），以整件是純羊毛又是手工縫製來說，算是很值得。此外，還可見到牧羊人的羊織毛毯與圍巾等保暖用品，除了各式各樣有趣的商品，市集廣場上還有訴說遠古聖誕神話的現場話劇演出，讓我大開眼界。

這樣的創意聖誕市集可不只是逛大街掏腰包，對許多德國的大人小孩而言，是再次回味日耳曼古文化風情裡的聖誕童話。

關於聖誕市集的吃與喝，不能錯過的當然是著名的燒熱酒（Glühwein），位於市集入口處的燒熱酒店家，門前掛滿了號角，號角前熱騰騰的柴火，吸引凍壞了的旅人們趕緊前往來一杯通體舒暢的燒熱酒。燒熱酒融合了白酒與紅酒，喝起來熱呼呼又甜蜜十足的口感，一杯一杯裝在陶製酒杯裡，更可以感受到它獨特的滋味，其口味非常多樣化，有櫻桃、李子、草莓、藍梅與蘋果等超多種口味！要是肚子餓了，就來份道地的德國香腸配麵包或酸菜炒起士麵，都是很不錯的選擇。

對於想要深入日耳曼聖誕味的朋友來說，到德國感受一下聖誕創意市集絕對是一趟相當值得珍藏的旅行記憶。

啥？聖誕樹是在德國出現的

說來不可思議，聖誕節中最重要的聖誕樹也是德國首先出現的，據說是宗教改革家馬丁路德最早開始在聖誕樹周圍佈置燭光，之後漸漸演變成最重要的聖誕樹裝飾活動。而在十二月裡，洋溢著熱鬧與歡樂的聖誕市集，也是德國最早出現。歷史上或許說是起源自法蘭克福，或說是源自德勒斯登等古城，我們可以不必去追溯到底哪一城鎮最早開始，但早在十三世紀，德國的確就有了聖誕市集的最初雛型。

歲末寒冬裡市集農產品的交易，也源自聖誕節前聖誕糕餅的販賣銷售，聖誕市集日漸壯大與成型，至今成為德國最重要的聖誕節特色。就連法國的亞爾薩斯區，也因邊界與領土權在德國和法國手中換來換去，而擁有了聖誕市集的歷史傳統，成為該區的重要觀光資源。德國各地在十一月底到十二月二十四日止，各城鎮都有不同大小規模的聖誕市集，因德國緯度高於臺灣，冬天四點天色即已昏暗，能夠逛逛聖誕市集，就有如在臺灣逛夜市的樂趣，加上異國風情的聖誕情調，真是好玩極了！

1	
2	3

1▎冰天雪地裡的聖誕市集別有一番奇特風味。

2▎聖誕市集裡的聖誕老公公音樂團吸引大人與小孩的目光。

3▎前往聖誕市集前那些以木塊打造而成的聖誕木偶像，讓我印象深刻。

女人的巧手就藏在聖誕味裡

德國女人們的手巧讓人驚喜，一塊塊餅乾出爐時的美妙滋味，比起賣場店家裡販售的童話點心更令人回味無窮……

聖誕夜要過的盡興，準備聖誕禮物也是一大關鍵，通常德國人大都會針對彼此實際生活中所需要的物品來做禮品選購。除了聖誕禮物要費心，緊接著就是廚房手作料理的費力了。

家庭主婦通常會從十二月初開始製作大量的點心，盤子裝滿五花八門的德式甜食肉桂星星小餅乾、白酒巧克力球、藍莓派夾心酥……德國女人們的手巧讓人驚喜，一塊塊餅乾出爐時的美妙滋味，比起賣場店家裡販售的現成商品更令人回味無窮。

德國人不流行買現成的聖誕甜點，每家每戶親力親為的一番手作，不僅是為聖誕增添美味，製作過程裡更能拉近家人間的情感，而這些充滿人情的甜點，也是饋贈親朋好友的佳節好禮。

關於孩子們的聖誕節禮節，德國的爸爸媽媽給孩子們的手作祝福裡，最經典的就屬降臨日月曆（Aduentskalenderm）了。早期的降臨日月曆可以在一般的商店購買得到，月曆上一格一格代表著十二月分的每一天，小朋友們在每天起床後可以按照當日的日期，打開一個格子，獲得裡面不同的小禮物。現在，有愈來愈多的德國父母會親自動手來為孩子們完成降臨日月曆，例如用小布袋編織成十二月分二十四天的小袋子掛在牆上，裡頭裝上不同的禮物，每當打開一個袋子就好像在倒數著聖誕節來臨，對孩子們來說，這樣的聖誕經歷總是令他們興奮又期待。

聖誕節的當天一早，家裡每個成員便開始各司其位，為美好的聖誕夜展開最完全的準備。在大掃除之後，男主人會帶著孩子一起將聖誕樹架好，接著將儲藏室的聖景（Weihnachtskrippe）模型拿出來整理一番，放在家中重要醒目的位置。聖景是南德聖誕節裡久遠的傳統習俗，是縮小版的耶穌誕生故事模型，讓人們再次溫習這個別具意義的日子。

女主人的聖誕準備工作包括了一早開始在廚房料理晚上的烤鴨聖誕餐，陪孩子們一起動手佈置聖誕樹等等。接近下午六點鐘時，村落裡的教堂鐘聲會響起，提醒人們聖誕夜即將來臨。

接著，大伙兒梳洗打扮，穿上隆重典雅的衣服，全家人先上教堂做聖誕禮拜，禮拜結束回家後的平安夜序曲，先是從全家人一同讀聖經故事、合唱一首首的聖誕歌展開，緊接著才是享用美味的聖誕大餐。傳統的聖誕晚餐以烤鴨大餐為主菜，再搭配紅酒，不過現今也有很多家庭以家鄉的道地料理來取代烤鴨大餐。

聖誕夜對人們來說，最期待的莫過於聖誕禮物交換的時間，大家來到散發著濃濃芬多精的聖誕樹前，主人點燃樹上的每一根蠟燭，並且將室內所有的燈全都關掉，燭光、音樂聲、肉桂餅乾的香味、窗外一片銀白的雪景，屬於德國的傳統聖誕氣息，真的是一個令人相當難忘的夜晚。

從聖誕味看德國的珍惜傳統

過去，我們在春節過農曆年前，都要準備做臘肉、煮臘八粥或八寶飯、炊粿、做年發糕等，如今，這些逢年過節的種種傳統應景食物，早已被現代社會忙碌的上班族所忽略，許多以繁文縟節象徵吉祥如意的年節食品，都已不再親手製作——家庭中餐餐外食者不在少數，更別說打點過年糕餅與年菜了！

令人欣慰的是，德國民族在聖誕節這個重要節日中，大多還是努力維持著親自「動手製作」的傳統。

不只是購買聖誕禮物而已，媽媽帶著孩子們烘焙聖誕餅乾、親手製作聖誕蛋糕與聖誕麵包、煮聖誕餐、為小孩準備二十四個聖誕日曆的小禮品、為家庭佈置聖誕環冠（或稱基督降臨節環冠Adventskrantze）等。德國人很愛在節日努力維繫傳統，嘉年華會熱情打扮慶祝、復活節做彩蛋找彩蛋、聖馬丁節做燈籠提燈籠、聖誕節所有應景的手工玩意，人們在盡情擁抱假期之餘，也創造了無數的商機與動手DIY的親子樂趣。令人忍不住回頭反思一下自己，為何臺灣的年味每況愈下？為何我們沒想過要多多珍惜這些有趣有意義的傳統文化？

過了聖誕平安夜一直到跨年後的一個多星期，算是德國人的過年年假，這段期間除了與家人齊聚過聖誕節外，德國人最熱衷的活動就是到雪地裡去散步。

在雪地裡感受北國藹藹雪花的壯觀，可以享受到道地的德國風情滋味，也是溝通彼此感情的另一種交流。孩子們在雪地裡可樂了，吵著要爸媽帶他們一塊兒做雪人，或者坐上小雪橇從山坡高處一回回往下滑，德國的大人小孩們在雪季裡似乎沒有待在家中看電視的理由。

對於崇尚大自然活動的德國人，再冷都管不住他們喜歡往戶外活動的欲望，更何況是這一年一度全家團圓的聖誕佳期。聖誕節過後的隔一天，婆婆與公公便吆喝著大家一起到雪地森林走一走。這一趟外出大概會花上兩個多小時，不過我知道，雪地散步回來後，又可以享用到婆婆親手做的水蜜桃蛋糕和公公泡的香濃咖啡。此刻，我二話不說戴上雪帽跟自己說：「再冷，都要感受一下德國聖誕繽紛的雪味！」

1 ▍德國的冬天那麼冷，但白雪靄靄更有聖誕節的氣氛。

2 ▍聖誕節的雪地行後，每個人都很期待婆婆親手做的水果蛋糕與公公泡的咖啡！

3 ▍婆婆親手做的巧克力聖誕樹蛋糕。

4 ▍除了美味餐點，德國小孩喜歡冬天、喜歡聖誕節，是因為下雪後那個放在倉庫很久的雪橇椅終於可以上場了。

Part6

幸福・在日耳曼
日子就是該有酸甜和苦辣

德式新聞，十五分鐘看世界

看十五分鐘的德式新聞很像喝一碗青菜豆腐湯，清淡卻營養豐富；看臺灣一小時的新聞像吃一堆重口味的零食小吃，滿足口欲卻營養缺缺……

德國公共電視第一台ARD從一九五〇年創立至今，跟人民最直接關聯的時段，就在每天晚上的八點鐘。六十三年來，八點到八點十五分的「每日新聞」（Tagesschau）仍是百萬德國人最鍾愛的節目。八點鐘快到的前幾秒，電視畫面在藍底的螢幕上，清楚地顯示著時、分、秒，八點一到、一聲鐘響後，便正式進入晚間新聞時間。這十五分鐘的新聞內容，大致上都是先從德國的政經新聞開始，接著幾則當日世界各國重要的事件報導後，再接體育新聞，而氣象則是新聞結束前的最後一個單元。

十五分鐘的德式新聞，不只德國人愛看，我也很喜歡……

新聞畫面上乾乾淨淨的處理，絕對不會出現左、右、上、下的新聞跑馬燈；播報新聞時，也不會出現配合新聞內容的煽情音樂；主播們不需要以音調高低起伏來吸引觀眾們對新聞的注意力；更不會出現藝人八卦當新聞重點炒作，也不用血腥、聳動、暴力來挑動收看者的神經。

看德式新聞對我來說很像是喝了一碗青菜豆腐湯，你說它清淡嗎？但它對身體的營養價值卻很高，每天喝一碗，身體不但沒負擔，也補給了該有的生活養分。而看臺灣一個小時的新聞，像是買回一堆重口味的零食小吃，嘴巴一張就停不了口，滿足了口欲卻營養缺缺，因為食物裡頭有百分之八十都是垃圾添加物，像這樣的東西每天吃會健康才怪。

值得深思的是，同樣是看新聞，到底是哪些地方造成如此大的差異？關鍵或許是德國公共電視第一台ARD在處理新聞時，清楚知道什麼叫做「媒體道德」與「媒體藝術」。能夠以冷靜客觀的態度，不亂加油添醋、誇大內容、詩離事實，我認為這就是基本的媒體道德；而關於媒體藝術，最高段的藝術自古以來就是極簡，而不是花樣百出，讓人看得眼花撩亂，心也跟著亂糟糟。ARD的「每日新聞」，因為畫面簡潔，人

▎簡潔的德式新聞畫面，讓人看完十五分鐘新聞之後，心情可以是愉快的。

▎自古以來，最高段的藝術就是極簡，而不是花樣百出，讓人眼花撩亂看得心也跟著亂糟糟——新聞報導也該如此。

們反而有了空間去沉澱那些聽到或看到的新聞；更由於主播群散發的冷靜與穩重，人們不會在看完新聞後，對生命、世界感到更失望、更恐慌。

另外，關於災難新聞的處理，令我印象深刻的就是二〇一一年三月在日本發生的大地震事件，德國許多的新聞媒體當然也搶在第一時間做報導，但他們更關注的卻是核能外洩的議題延伸。我們不必擔心，是不是電視一開機，就是二十四小時只能不斷重複看到那些災區的悲傷畫面；除了地震後的前兩天會播一些災況，之後德國電視媒體著重的，是找相關學者專家探討核電外漏可能引發的各種後果，大膽假設如果三一一地震發生在德國，有沒有辦法承受得起像日本的核災。

媒體的力量就如同武器，運用得當，人們便可藉此提升社會的素質，但若是濫用了它，也就可能變成德國朋友常說的那一段關於媒體的玩笑話：

「要讓一個國家的人民變笨很簡單，就是在電視頻道裡放一堆吃喝玩樂、娛樂消費的內容，大部分的人就只會沉醉在物質感官裡，再也不去關注我們身處的大世界到底發生了什麼，這樣政府當局就可以輕而易舉的控制人民。」

到目前為止，德國的電視大約有三、四十個頻道，從專播體育活動的頻道到國家地理頻道、購物頻道、電影頻道、娛樂性很高的綜藝頻道等都有，如果要問德國的電視品質水準高嗎？或許我們可以試著回到一個點來思考，與其怕媒體很亂，不如創造另一股清流媒體來制衡，因為黑暗裡的光亮總是從小小的一根火柴棒開始燃起的。

處在這個媒體如此自由開放的時代，德國的電視文化自然也無法逃過娛樂及物質感官為主的商業頻道侵襲，然而重點是：德國還有四個公共電視頻道來抗衡，並且許多地方性的電視臺也一樣有能力製作出高品質的好節目供人們選擇。對於想看好節目的觀眾，不管是關於藝術人文、人道關懷、環保保育的話題，或是關於第三世界國家的報導，德國公共電視（ARD、ZDF、arte、3sat）所提供的精采內容，絕對不會讓人失望。

付費看電視、聽廣播，維護媒體品質

德國新聞雖短，卻有另闢專題深度座談的新聞性節目——德國人知道媒體很重要，且思考被綁架很可怕。德國人看電視、聽廣播都需付費，因為他們深知，媒體做為公器是要有代價的，言論自由與有品質的節目都必須仰賴公眾的付出。擺脫商業操控，自由獨立思考，是做為現代公民最基本的條件。

德國的月亮有沒有比較圓

德國月亮真的比較圓嗎？一腳踏進新國度就需要有心理準備，除了語言要學，即便有朝一日德語搞熟了，還要跟德國人一同在社會上爭碗飯吃。事實上，這些年德國失業率也居高不下，外來移民要想在粥少時分一小碗，可能會比中樂透彩還難。

德國八千餘萬人口中，有大約一千五百三十萬具有移民背景，相當於全國人口總數的百分之十八點六，這些移民族群，因著各種不同因素來到德國，在一片新的疆土上，渴望擁抱一個更美好的生活。然而，德國的月亮有比較圓嗎？那新風景下的生活到底長什麼樣子呢？

從德國境內的外來移民之數據表來看，土耳其人占了相當高的比例（估計大約有一百九十二萬多的土耳其人），德國境內之所以會有如此龐大數量的土耳其人，必須回溯到西元一九六一年。當年，德國與土耳其政府簽訂了一項名為「德國勞務市場向土耳其招聘勞動力協議」的協議書，德國政府大量向土耳其招募勞工，原本協議這些土耳其勞工在期滿兩年之後就必須返回土耳其，不料後來卻輾轉成了一紙毫無約束力的協議。

許多土耳其人一在德國待下來後，就一輩子再也沒回土耳其了。當初的一紙合約到深根定居在德國，家族的延續都已經到了第四代或第五代了！這些外國人改變了德國，而德國這個異鄉也改變了異鄉人，當年這些只是客居的外來人，成了外來移民，適應、同化總是隨著時間同時在進行著改造。不過，並非住在德國就可以從此過著幸福快樂的日子。

舉例來說，那些已經在德國生活二、三十年的穆斯林婦女，仍然飽受父權社會對她們的壓迫，雖然身住德國，卻擺脫不了祖國背景所帶來的種種限制。許多土耳其裔外來移民定居德國可以算是過了半輩子了，但卻像是身住德國又完全不打算融入這個國家與社會，不會說德語，更別提對德國本身有多少的了解了。基於這樣的背景，他們也沒有能力好好培育下一代，進而衍生成德國社會黑暗的一角。

土耳其後裔的許多孩子因環境或語言因素無法融入學校團體生活，約有一半以上

老一輩的土耳其人算是二戰後德國建國期間重要的底層功臣之一。

外來移民來到德國生活，也可能變幸福，也可能是一條艱辛漫長的路。

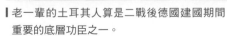

比例的孩子無法從國民中學畢業，也有超過半數是沒有中等學歷的——低學歷與出身背景，讓這一群外來後裔族群演變成比例最高的社會犯罪者。這樣的問題不只出現在土耳其人身上，德國境內也擁有相當數量的蘇俄移民販賣槍械、毒品，而來自東歐羅馬尼亞移民的偷竊行徑，在在都是考驗著政府本身的智慧。

外來移民所帶來的融合問題，讓德國政府於二〇〇五年修改了移民法。新的移民法規定：所有要入德國國籍的移民一律都必須經過入籍測驗考試，內容除了語言基礎B1的檢定（聽力、讀、寫作、會話），此外還有德國歷史、文化、憲法、政治現況的相關考試等。

德國月亮真的比較圓嗎？一腳踏進新國度就需要有心理準備，除了語言要學，即使有朝一日德語搞熟了，還要跟德國人一同在社會上爭碗飯吃，而這些年德國失業率也居高不下，外來移民要想在粥少時分一小碗，可能會比中樂透彩還難。

在德國的外來移民族群裡，越南人口也算不少，大部分在德國的越南人不是經營超市，就是開餐館。令我印象十分深刻的仲永，是我在上德語課時的同班同學，他在還沒來德國前曾在胡志明市從事建築師工作，在越南算是受過相當高的教育。但幾年前，因為仲永的老婆到越南旅行，透過朋友聚會牽線，這一碰面就成了仲永移居德國的里程碑。仲永的老婆雖然是越南人，但因父母親早期以難民身分來到德國生活，所以在德國出生；長得一張越南女孩標緻臉孔，卻說著一口相當流利的德文。

對於仲永來說，移居德國，跟著老婆一家三代都住在一塊兒，倒頗像越南的家庭生活。只不過這一家子老的老、小的小，老婆體弱也找不到工作，德國生活水平物價相當高，雖有一些政府給的津貼，還是不時需要去做些勞力工作來貼補家用。他跟我說，他上德語課程的費用，是向德國紅十字會提出相關申請才得來的補助款，假使沒申請到，他的語言學習可就沒下文了。

至於語言學習到達一個段落後的未來生活，仲永並無法樂觀看待，他說即使他在越南是從事建築師的工作，聽起來似乎有蠻不錯的背景，但是德國本身許多唸建築系的學生，畢業後也早因為僧多粥少而很難找到工作，更何況是一個外來移民要進這一

歧視傷人要罰款，自我學習和調適還是很重要

雖然移民到德國生活可能有時候比想像中辛苦，但由於納粹的年代歷史教訓，讓德國人深知歧視心態的可怕，因此，德國對歧視傷人會加重處罰，以抑制歧視現象。就因為這樣，移民到德國似乎也更有保障了！不過，這倒不是說所有的德國人對外來移民都有相當的尊重，如果居住的地方是在民風保守的小村落，可能還是需要花很多時間讓德國人來接納；若生活的城市文化開放，如大城市柏林、南德弗萊堡或德國各邦州的主要城市，因為商務特性發展的多元文化性，外來移民的生活通常會自在許多。移民德國生活不易，大部分人首當其衝會面對到的問題是：語言夠不夠好？是否有機會打入德國社會取得工作？入籍德國好嗎？雖有正面之處，當然也有很多東西必須學習、接受——在德國生活，享受人性化的社會制度與豐富自然環境的同時，也要面對工作、語言等方面的挑戰，這就需要自己懂得找到安適的生活之道了！

行搶飯碗；如果工作沒下落，就更不用提要不要生小孩了……面對這個問題，他曾試著跟老婆商量是否可以回到越南去生活，不過老婆說她從小在德國生活長大，是不可能再回去適應另一個國度的新生活。

原本是一樁美妙的越洋愛情，但因為不同國籍的就業與經濟問題，他們倆的婚姻之路勢必會比一般婚姻所面對的挑戰與問題都複雜許多。許多人總夢想著到另一片國度去生活，但夢想與現實間存在著挑戰，對外來移民來說，幸福過日的當然也有，但通常都要比以前生活在自己的國家更努力、更積極勇敢，才有辦法在德國的社會走出自己的一片天。

小朋友也不害怕的德國診所（一）

小感冒去看家庭醫師，牙齒問題去看牙醫，前些年因為懷孕需要看婦產科，一直到在醫院順利生下了恩典，找兒童醫生又變成我生活的一部分。說來好笑，每一回去看醫生，我總是很快樂，一方面相當好奇診所空間的佈置風格，一方面很期待診所裡的候診室，會有哪些玩具寶貝等著恩典去探索。

德國看診令我印象最深刻也很感佩的有三個地方：

一是每家診所都將診所空間佈置得很雅緻；二是每家診所的候診室，都會很貼心為孩子們準備各式玩具及故事書；三是看診的品質相當好，不會出現那種醫生要在一個下午看上百位病患的情形，依我每一回看診的經驗，醫生的診療時間幾乎都有半個小時以上。

提到診所的空間設計，我的家庭醫師很喜歡蒐集各種大象的物品——走進他的診間，就像進入一座大象叢林，從桌子到櫥櫃、從牆上的藝術畫作到地上給孩子玩的玩偶，全是滿滿的象味兒。第一回醫生跟我說診療結束時，我都還想繼續瞧瞧那間象味十足的小診所，多待個十分鐘也好。

此外，近一年來我常去的那間牙醫診所，其候診室最大的特色，是有一隻長達一百多公分、絨布做成的綠鱷魚躺在白色沙發上，而且沙發後面還掛了一張與綠鱷魚一模一樣的畫像。

這一輩子最怕看牙醫的我，在心境上因為這間診所的幽默空間而有了很大的變化，看診的兩位醫師在為我做牙齒小手術時，不時拍我的肩給予鼓勵，在手術後的幾天內還接到了她們電話，原來是打來探問術後的狀況……

另外，每次恩典跟著我去看牙醫，溫暖的護士阿姨們還會輪流幫我帶恩典玩呢！

在德國，生病不能先到大醫院去，通常要先到家庭醫師那邊（牙齒問題例外），先讓家醫診斷後開出轉診單，再轉到需要的科別診所。我的第一回看診記，是因為感冒去找家醫，醫生看完我的症狀後，要我喝天然的感冒花草茶、在床上多休息，如果之後有發燒或病情持續加重的話才需要回診。

就這樣，我一臉疑惑、兩手空空地回到家，問先生為什麼醫生沒開感冒藥，先生回答說：

在德國，如果是得到一般性的感冒，醫生是不會隨便開藥的，他們的觀念是：吃藥到好要花七到十天的時間，不如躺在床上休息，喝些感冒用的花草茶讓身體自然好轉。德國的醫生們希望病人不要依賴藥物，能夠以自然的方式醫治感冒最好。

德國人酷愛天然有機的民族性在生病看醫生這件事上，也具有同一種堅持。還記得前些年流感N1H1在全球各地大肆流行，德國的疫情雖然沒像臺灣或亞洲那麼嚴重，政府當局還是向美國買了很多的疫苗；然而做事嚴謹的德國佬可不是聽聽電視報導說該注射疫苗，就一窩蜂趕緊攜家大小去打，電視許多節目天天都有關於疫苗使用的深入報導，另外絕大多數的醫生也不建議打疫苗。結果一場流感N1H1，幾個月後帶來的效應是：德國並沒有引發嚴重流感潮，而那一大批購來的疫苗完全滯銷，還不曉得該賣到哪個國家去。

德國醫生不隨便打針、開藥，也不亂嚇孩子

德國人尊重孩子，也為他們建立一個不怕看醫生的環境。

醫生看診跟孩子說話的時候，眼睛會看著孩子，把孩子當一個成人一般尊重。候診室內鋪有小地毯，有玩具、童書，可讓孩子做自己喜歡的事，他們不會因為等待而無聊吵鬧，反而會被玩具或童書吸引；孩子在等待室內，也是安安靜靜，專心投入地玩玩具或看書。小孩有玩具可玩，有童書可看，就不會哭鬧成為負擔，媽媽可以安心帶孩子看病，小孩也不會討厭看醫生，讓醫生成為小病患信任的朋友，對小孩將來的就醫行為很有幫助。

德國的孩子當然也會哭鬧，只是當孩子哭鬧時，他們會找原因，不會毫無理由就拿醫生打針之類的可怕經驗來恐嚇小孩——德國沒有醫生會常常打針，也不會嚇孩子。

1	2
	3
	4

1｜由不同材質做成的大象藝術品放在掛號櫃檯的周圍，讓診所本身變得別有一番風味。

2｜記得第一回看到家庭醫師看診桌上數百隻不同造型的大象時，我忘了看診的問題，反倒跟家醫聊了他蒐集大象的心得。

3｜診所裡的候診室總會貼心為孩子準備一小塊園地，讓小朋友可以看書打發時間。

4｜幸好有這個幽默童趣的鱷魚布偶，再加上一群親切溫暖的牙醫團隊，第一回我喜歡去看牙醫。

德國人是冷還是熱

德國人是冷還是熱？或許該說他們是慢熱的吧……

要跟德國人交朋友，首先會想到的是德國人會不會很排外、民族的優越感會不會很強等問題。要解這一道問題，還真是可以得到百百種不同的經驗談呢！一樣米養百樣人，這個道理到哪裡都相同，德國那麼大，當然也就很難一語概括形容——德國人冷漠排外，但德國人也熱情喜歡助人。

剛到德國生活時認識一位定居在德國近十年的越南華僑，她跟我說要在德國交朋友還真是難，即使工作都是跟德國人一同共事，也從沒人邀她去吃個飯或喝個咖啡，來個工作外的友誼交流。然而，另一位來自臺灣、在德國擁有自己中醫小診所的李醫師，想到她診所就醫的德國人非常多，常常排不到李醫師的時間表。德國人敬重李醫師不只因為她是位好醫師，也因為她擁有開朗又溫暖的個性，讓來診所的每一個人都獲得身與心的奇妙療效。

記得李醫師跟我說過：

「人與人是互相的，當一個人內心充滿光明與正面思考，其他人可以感覺得到，通常這樣的人到哪裡都像個快樂發電機，人們都喜歡接近。所以重點是人的內在，了解這點，就不會被所謂的排外或德國人冷漠問題所困住。」

還記得剛到德國不久的時候，有一回要到火車站，在路邊問一位小姐怎麼走，那位小姐二話不說開著車就帶我到火車站，因為這次的問路，我跟Alex Sandra變成了好朋友。像Alex Sandra這樣很直接、很熱情的德國人我還認識另一個，那就是我參加禪修課認識的Hannes，認識Hannes沒多久，我跟先生就常搭他的順風車一塊兒去上禪修課，我們要搬家時，他也二話不說來幫忙搬家，從早搬到晚都不嫌累，好像他也是我們這個家的股東之一似的。

德國人是冷還是熱呢？從這兩年上瑜伽課的經驗，我見識到德國人慢熟的待人之道。還記得剛開始到瑜伽教室，大部分的人都只能算是點頭之交，至於要再往前跨一步，似乎有道牆無法融化。Media曾跟我說過，要跟德國人交朋友得分好幾個階段，通常他們會先觀察你很久，慢慢地進一步寒暄、聊一下彼此的近況，如果這個階段順利過關，就會開始約出去吃飯喝咖啡。她還說：

「德國龜毛冷靜的人還真的不少，不喜歡太快與人熱情哈拉、交淺言深，但是一旦成為朋友，就可以是一輩子的好朋友。」

在瑜伽教室裡，我碰到了一些Media說的這種慢熟德國人，不過，現在我去上瑜伽課已經沒有那種慢熟的冷感了。在瑜伽教室結識的媽媽好友Yvonne告訴我，兩年前我剛開始上課時她就注意到我了，但心裡卻因為不曉得要跟我說德語還是英語，思量太久而放棄前來與我聊天。

幸好，某一天我主動開口跟她說話，她一聽到我會說德語，心中的大石頭終於卸了下來，從那回開心的聊天之後，我們就常來個媽媽早餐聚會，也會一塊兒去上雙人瑜伽；因為她家離我家很近，我們倆更常在小孩公園不期而遇，兩個媽媽聊的除了瑜伽就是媽媽經，她給了恩典許多她兒子的二手衣，我常摘了自家後方玉米田裡黃澄澄的熟成玉米送給她的孩子。

關於德國人的冷或熱，外在的世界是我們內心的如實鏡子，這個原則通行在每一個人的生命軌道裡，所以下回不管是在德國還是在臺灣，碰到不管是冷還是熱的人，或許可以放輕鬆一些去看人性，不要只劃分成兩種極端，更不要忘了一個心裡有太陽的人，陽光當然是自然灑落在四面八方的。

像椰子的德國人

人家說德國人像椰子，外硬內軟，與他們相處要花時間，但如果成了朋友，就是終生的朋友。德國人交朋友有如君子之交淡如水，但假使你需要幫助，他們就會很用心與費盡心力幫助你。他們很少有酒肉朋友，而且對他們來說，朋友不用多，能稱之為朋友的，就是永遠的朋友。

1	2
3	4

1 ▎我的好友Steffen跟Sandra是搞笑兩人組，認識他們很難想像德國人是冷漠的。

2 ▎因為問路結識了我的第一位德國好友Alex Sandra。

3 ▎和德國人一塊兒逍遙在大自然原野裡，會是進入德國人生活世界的一扇門。

4 ▎德國人有冷有熱，且看自己是否有開放的心去與他們打交道。

日耳曼男女，婚還是不婚

德國男女的不婚現象，其實很多並不是真想當不婚族，有的是總碰不到對的人可以結婚、有的是一方定不下來不想婚、有的是工作忙到根本沒時間與體力去交男女朋友、有的始終游移擺盪在婚與不婚的兩端，做不出勇敢的抉擇……

婚與不婚，在德國男女的生命中所面臨的抉擇與考驗，其實跟天底下男女碰到的情況，應該有很多異曲同工之處。不婚族在德國有幾種不同的型態，第一種是不婚生子，曾經因為採訪的關係認識了一對木工藝術家，兩人在一塊兒超過十五年，小孩有三個，最大的都十多歲了，還沒結婚。問Lisa為什麼不結婚，她說兩人忙沒時間，都在一起那麼久了，也不需要一紙證書來證明彼此相愛。

即使Lisa不跟Tomas結婚，兩人的孩子出生後，跟婚姻關係裡的小孩所受的社會福利都是一樣的——話說回來，Lisa自己有相當好的工作能力及收入，享受不婚有子的幸福當然就輕鬆些。我也碰過另一對不婚有子的情侶在一塊兒六年後還是決定結婚，結婚的理由是因為要節稅。在德國，單身跟已婚的稅金差異大，只要結了婚就可以升到第三級稅率。問朋友到底靠結婚節稅賺了多少錢，她笑說，先生一個月至少少繳五百歐元左右的稅，德國政府針對結婚與單身族群有不同比例的稅制，是因為……

德國的單身族大都認為，一個家庭有孩子，理應受到整個社會資源的支持，因為孩子可是國家未來的希望。

德國男女的不婚現象，其實很多並不是真想當不婚族，有的是總碰不到對的人可以結婚、有的是一方定不下來不想婚、有的是工作忙到根本沒時間與體力去交男女朋友、有的始終游移擺盪在婚與不婚的兩端，做不出勇敢的抉擇……

老實說，即使是像德國這樣一個講求男女平等的先進國家，德國女性面對不婚的壓力焦慮，還是比男性高很多。跟臨近的法國比起來，法國女人的不婚生子早已脫離了婚姻的限制，更講求女性多元的自由追尋，德國還是比較傾向有孩子後就給孩子一個家庭。

去年認識一位年約四十五歲的德國女人，她說她年輕時也很嚮往婚姻，曾有過一段甜蜜的戀情，為了男友拿掉兩個小孩，但男友後來劈腿，兩人分開後她就再也無法談戀愛。幾年後，她全心投入環保公益，重新找回生命的幸福喜悅。問她不婚了嗎？她說她是真的已經放下了，從擁有婚姻與孩子的夢，轉移到更開闊的愛與奉獻。

Tobias曾是位信誓旦旦不婚的德國男人，唸的是攝影設計，人長得帥氣，談吐也很風趣，我在他跟Jo的婚禮上碰到他妹妹。妹妹說她還記得多年前，Tobias告訴她：「這輩子結什麼婚？談戀愛要談多少回都行，多愉快，結婚可不是我的人生規劃！」不過這樣一位性格的德國小生，到後來還是甘願被套牢了。

某天夜裡，跟他同居了兩年、伶俐又聰明的女友跟他提到，這樣一直同居下去很奇怪，她需要往人生下一個階段邁去。幸運的是，Tobias也體會到女友就是他夢想中的

節稅也可以促成婚姻

很多德國人結婚最大的理由是節稅，想離婚而不離婚的理由也是節稅，沒有節稅這個優待政策，恐怕很多德國人根本就不會結婚。除非為了配偶的居留，不然何苦結婚？在德國，不婚生子其實頗常見，在女權高漲的現代意識之下，很多女性不要男人只要孩子，也讓德國男人成了陌生爸爸，必須負擔贍養費，卻無法過有孩子的生活。

很多德國男人樂於當現成的爸爸，不用與孩子生活；很多德國女人也樂於當單親媽媽，不用與男人生活，所以就有很多孩子來自單親家庭。關於日耳曼人的婚與不婚，發展到現今，竟然是節稅讓許多人決定結婚！

常言道，在「對」的時間遇到「對」的人，就能攜手步入婚姻；然而，即使在不對的時間遇到不對的人，想退出婚姻狀態，德國人也比我們冷靜豁達多了。婚姻的選擇，端在個人意願，無人可以評斷與施壓——退婚、失婚、離婚，只是親友鄰里間的小道八卦，實不足大驚小怪。正如德國女總理梅克爾，已有第二任丈夫多年，依然冠第一任老公的夫姓；如德國總統已有結縭多年的老妻，在沒有離婚的狀態下，依然與交往多年的女友共同居住與走訪各國。這些所謂婚姻的道德問題，都是屬於私領域的隱私權，可以述說與報導甚至大作文章，但無損於德國人對他們能力與專業程度的觀感，屬於公領域的工作職場表現才是德國社會重視的價值。婚與不婚絕對是個人的自由選擇，學學德國人聳個肩，回答一句：「Na und（那又怎樣）！」，以平常心等閒視之。

人生伴侶，那為什麼不給她一個幸福的承諾呢？因此，我才有幸參加這個原來信誓旦旦說不婚的男人，與他深愛的女人於海拔一千多公尺的黑森林舉行的甜蜜婚禮。

德國麵包店老闆娘跟我分享過一段話，她說：

結婚與不結婚，總有各自的幸福與缺憾，單身與不單身都好，只要隨著年紀增長，更懂得掌握讓自己生活健康幸福的條件——有健康才有本事享受人生。另外，年輕時就該先儲蓄投資老來的退休金及相關生活保險，人生的後半場才可以寬心無憂……

有了健康與財務的基礎，還有圍繞在身邊的親朋好友，加以開朗的心情來過活，從事公益活動幫助別人……這樣的人生很圓滿幸福。

▍不想單身的德國女人當然也想婚，但也有很多人忙於工作根本找不到時間談戀愛。
▍曾經信誓旦旦不結婚的性格小生，有一天也被乖乖套牢了。
▍德國女人比起臨近國家的法國，還是有比較多的婚姻焦慮。

萬萬稅換美好生活

德國物價高，但生活就一定比較辛苦嗎？其實，在德國生活雖然要精打細算，但只要挑得好、算得精，也是可以把日子過得很有品質的！

有機會生活在德國，不管是來留學的，或嫁來當「外籍新娘」的，最有同感的應該是，來德國生活之後開始變得節儉，用錢無法再像以前在臺灣那樣大方灑脫，主要原因就是德國的物價實在貴很多啊！

到底德國生活貴在哪裡？首當其衝的就是稅金貴。曾有許多定居在德國多年的人開玩笑說，還沒來到德國前羨慕德國社會的完善福利與制度，等到真正在德國生活，才發現美好生活下全是來自人民的萬萬稅，什麼都要稅：繳給教會的稅、看電視聽廣播要繳稅、養狗要繳稅、買一包香菸裡頭都含有環保稅，還有房稅、車稅……薪水領得愈多，稅繳得愈高。

羨慕德國人的生活嗎？真的去問問一般收入階級的上班族以及中產階級家庭，大多聽到的答案是，每個月領到薪水，基本的生活開銷再加上一堆有的沒有的稅及保險費，到頭來可真是沒剩多少錢。

高價的汽油費也是德國人的無奈，一公升汽油花費約一．六四歐元（臺幣六十五元），是臺灣的三倍之多，一輛排氣量一千六百西西的自用小客車加滿油，大概需要三千兩百元臺幣，只能跑六百公里。而德國的大眾運輸交通也不便宜，搭上火車也許只是小鎮間十分鐘路程，大概就要花掉五歐元（兩百元臺幣）。

上洗髮院剪個頭髮（含洗髮）要四十歐元（一千六百元臺幣），收費這麼貴還沒有辦法享受臺灣那樣專業的按摩及洗頭技術；以前在臺灣三不五時就去做按摩，在德國還真是奢侈的享受，四十分鐘四十歐元，等於按摩一分鐘一歐元就不見了，我這個當家庭主婦的，實在狠不下心來，把一個禮拜的菜錢拿去做按摩。

更不用說德國嚇人的外食費用啦！麵條加肉片的德式快餐，就要六到七歐元（兩百八十元臺幣）；窮酸一點吃個麵包夾香腸，也要五歐元（兩百元臺幣）……外食代價太高，也難怪德國主婦都要認分煮飯，畢竟先生從家裡帶便當還是比較省錢。

德國生活那麼昂貴，優質的文化資源應該也算是羊毛出在羊身上的效益，還是那一句話，人民從口袋裡拿出來的萬萬稅，是創造德國美好生活的最大資產。

難道在德國生活一定那麼貴？沒有便宜的部分嗎？當然還是有便宜的東西，例如德國有機抗敏的嬰兒食品喜寶（HIPP），因為是德國原產的關係，所有產品都比我在臺灣買時便宜了一半的價錢；另外，德國媽媽們最愛光顧的dm超市，裡頭有超過一半以上的嬰幼兒有機商品，不管是孩子的衣服或奶粉尿布等，常讓人覺得物超所值。

除此之外，只要是德國當地產的水果也都不貴，例如蘋果、西洋梨、櫻桃、葡萄等，時令季節超市裡博登湖出產的蘋果，一包十顆要價三歐元（一百二十元臺幣）左右。記得臺灣有一陣子流行肝膽排石，排石法就是要喝有機蘋果汁，德國的有機蘋果汁真的是好喝又便宜，以六瓶裝成一箱（六公斤），要價只需要六歐元左右（臺幣兩百四十元）。

在德國不想花大錢買書，有個好辦法就是到市立圖書館去借書，通常只需要繳十到二十歐元不等的年費，就可以到圖書館去借書或電影來看。德國的圖書館資源豐富，除了書類齊全，也將空間佈置得很宜人；為了照應幼小兒童，還有特別為親子設計的專區，有沙發、遊戲布偶、看也看不完的插畫童書。這麼好的場所，一年才二十歐元，我就給它很乾脆地繳了。

生活費好貴的德國人，卻容易存到錢

在德國生活雖然很貴，但比起住在臺灣，卻更容易存錢，因為這裡沒有太多消費場所。德國的商店有一定的開店時間，晚上八點以後與假日不能消費，只有喝咖啡、上館子，遊樂場所很少，也沒有KTV和夜市。一般中小型的城市電影院沒有早場與午夜的電影，住家附近沒有二十四小時商店，晚上更無法像臺灣那樣肚子餓了就出去買個消夜吃。這裡有很安靜的環境，讓想思考的人得以思考，讓不習慣孤獨的人學會自處。德國不是一個資本主義的國家，消費不會無意識地滲入生活，因此，在德國可能會發生有錢但沒辦法消費，或是消費卻沒有太多選擇的情況。

▎圖書館一年會費二十歐元，真的是有孩子後最可以投資的人文基地。

▎自從二〇〇二年歐元開始上路啟用，德國的生活物價愈來愈貴。

行人我最大，車子請停下～

關於德國的「行」帶給我的思考是，文明科技發展到極致的時候，代表著有愈來愈多的人，開始慢慢尋回科技與人性之間最完美的平衡……

對行人優先的尊重，在我德國生活的這幾年受益匪淺，當號誌閃紅燈，通過馬路絕對不用擔心什麼馬路如虎口的警告，因為駕駛們一定會遵守交通規則來開車。我家附近要行往市區途中有個小圓環加兩線車道，並沒有設置紅綠燈，不過，每當我推嬰兒車要過斑馬線時，駕駛們總會非常有禮地讓我先過，而我也都會跟駕駛點頭揮手致謝一下。

只是有好幾回，我會以為自己還在臺北街頭，小心翼翼地在斑馬線前張望，看到駕駛們友善的面容示意我可以先行通過，這才一下子從恍神狀態裡頭醒來，意會到自己是在德國不是臺北。

德國在道路安全上有相當嚴格的規定，行人在人行道上有絕對的優先權，此規定明定車子行經人行道必須減速慢行，讓行人優先通過，違規者一旦被檢舉，駕照會被扣留數個月不能使用。

在如此嚴厲的規定下，駕駛們當然不得不遵守，但我覺得法律的制訂只是一個手段，公民們的道德感以及對他人「行」的尊重，才是讓行在德國能夠安全又愉快的主要原因。

在德國搭火車，除了可以在火車站的櫃檯買票，火車站的公佈欄上會有清楚的火車路線表及時間表，大部分的人都是以售票機DIY購票。德國的火車站沒有設置人力在入口處進行剪票動作，但如果抱著想「坐黑車」的僥倖心態，可得特別小心……

還記得自己懷孕七個月時，有一回趕著搭火車要到某地去採訪，眼看著採訪時間逼近，加上大肚便便，根本沒時間買票，就先趕上火車。但那一天運氣不好，碰到火車票驗票人員，當下就繳了四十歐元罰款！

在德國，想坐免費黑車的代價很高，還是學學德國人那樣，即便是一段相當短只有五分鐘的車程（SE），都還是很自愛地一上車就先投幣買票。

提到德國車，直接聯想到的一定是賓士，在臺灣開賓士代表著事業的成功地位。來看看德國，在大街上開賓士的德國人也為數不少，但賓士在德國有個另類有趣的現象——德國的計程車十輛有八輛是賓士！我自己就曾搭過兩回，問駕駛的司機大哥為什麼選擇賓士當計程車，一臺賓士要價不是不便宜嗎？

駕駛大哥說，其實賓士汽車在很早以前就針對計程車行業的需求，研發出很多的車款，而該公司也給予計程車司機們相當低廉的汽車貸款計畫，如果不打算買賓士，甚至可以跟賓士公司租賃賓士計程車來營運，諸如此類多項便利於計程車駕駛們的條件，也就促成德國計程車大部分都是賓士了。不過話說回來，在德國坐一趟計程車很不便宜，所以有機會坐上賓士，讓乘客們享受一段高級優雅的旅程，也成了駕駛們工作的主要共識。

行在德國的另一個普遍現象，是德國人騎腳踏車的比例很高。德國人喜歡騎腳踏車是因為環保加健康的因素。記得有回到弗萊堡去拜訪友人，在市中心看到大量腳踏車排排站的情形，實在可以媲美臺北街頭的摩托車了，而我住的城市，許多上班族也常放著家裡的車不開，騎腳踏車去上班。

連騎腳踏車都需要考駕照

德國人很注重行，自然也就注重行的權利與規則。要讓行的功能發揮到最大，就必須大家遵守交通規則，即使是腳踏車，也要考駕照！

德國小學大概三年級左右，就會教小孩騎腳踏車的交通規則，而且有駕照考試。考試前會有公車處的人開公車來說明，該如何避免與大公車發生意外。學童會在課程中學到腳踏車的配備與規則，對腳踏車有充分的認識。

取得腳踏車駕照者，腳踏車後面會有個標示，小孩會非常驕傲地說：「我可以自己騎腳踏車去上學了，因為我有駕照。」這是一個最基本的認證，雖沒有法律效力，但給孩子人格與精神肯定卻是非常之大。

▍德國人喜歡往自然裡跑，所以自然裡的步道也都規劃得很完善。

▍在德國，媽媽們就算有小朋友，依然可以享受騎腳踏車的樂趣。

▍許多住宅社區也有規劃完善的腳踏車步道，主要是讓孩子們從小就開始學習單車生活。

騎單車可不見得只是年輕人的專利，城裡常看很多老太太、老先生們騎單車去買菜；在城郊的自然公園裡，成群結隊的老人家一塊兒騎腳踏車更是常見的事。

還沒嫁過來之前，聽朋友說起德國擁有規劃完整的腳踏車道，如今住在德國，更能體會這個國家有多重視腳踏車道：我家附近前往市中心的腳踏車道，竟誇張到跟主要車道一樣寬敞！當然，這個腳踏車車道，也供行人或推嬰兒車的父母、殘障人士等行走。

德國的「行」帶給我的思考是，文明科技發展到極致時，也代表著有愈來愈多人開始慢慢尋回科技與人性之間最完美的平衡，所謂好品質的交通經驗，意味著遵守相關的法律、尊重自己與他人的安全、盡量降低因為行動交通而帶給環境的汙染。

德國媳婦命運大不同

來到德國，我把這輩子在臺灣沒做過的家事，都一一清算掉了！

多年前離開家鄉，帶了兩大箱行李嫁來德國，當時想說，終於可以擺脫當記者加班寫稿的日子。然而幾年過了，以前那雙寫稿打字的手，比以前在臺灣更忙；洗碗、煮飯、幫兒子換尿布、打掃清潔，來德國前怎麼沒人告訴過我，我的命運將把我這一輩子在臺灣都沒做過的家事，在德國一一清算掉。

許多人一聽到嫁到德國或歐洲，總會露出羨慕的表情，而回到真實生活層面上，是不是真像那些暢銷書上所描述的浪漫又美好？老實說，生命的幸福美好還真的是因人而異，可以發展出差異相當大的故事情節。

記得剛來德國去社區大學上德語課時，班上的十個人有七個是嫁德國佬，這些德國媳婦來自世界各國，有蘇俄、立陶宛、芬蘭、羅馬尼亞、義大利、科索沃等。

一樣是德國媳婦命運大不同，Juila的德國先生對她好又顧家，更有一對好公婆善待她；然而從羅馬尼亞來的Corinna就沒這麼幸運，聽說她先生身體不好一直都在失業中，Corinna會利用下課後的時間去當幫傭，打掃清潔賺取家用，好幾回她遲到，一進教室坐在我身旁，總會先聞到她身上濃濃的菸味，看著她不開心的臉龐，總有幾分心疼。我想她的壓力不只是先生的病況，家中還有兩個稚齡的小孩要靠她養，命運之神當初送她來德國時，恐怕沒告訴她這一趟異國路要付出那麼大的代價吧！

也曾聽同學Petra跟我聊起一個中國女生嫁來德國的故事，她說那女孩還沒嫁來德國前以為德國是一個大國，先生的工作收入也不差，嫁到德國的生活一定會比在家鄉好，甚至還可以每個月寄些錢回去給父母……沒想到等她真正在這裡生活後才發現，德國生活消費一切都貴，先生的收入每個月付完房租、保險及家用，所剩就不多了，哪來給太太的私房錢？有一回她跟先生開口要些零用金，先生還問她說要零用金做什麼——他花在家裡的可是兩人份的生活費，要零用金做什麼？

Petra笑著表示，那中國女孩如意算盤還真打錯了，因為大部分德國女人都知道：

> 德國男人會幫忙帶小孩、幫忙做家事，但是關於錢，他們可不覺得該給老婆零用金，甚至等老婆有能力工作後，賺來的錢他們也覺得應該要拿出來添補家用，因為在德國是講求男女平等的……

Petra說的一點也沒錯，中德文化大不同在金錢觀上是最先突顯出來的！

遠嫁他鄉的生活，如果嫁不好就可能像我的同學Corinna那樣，辛苦又心酸；而如果幸運嫁得好，也不如外人想像中那樣一切都風調雨順。異國婚姻因為彼此差異大，所以吸引力相對高，結了婚後因為文化差異、語言不同，可要比一般婚姻面對多上好幾倍的挑戰。婚姻的美滿，需要丟棄自己的民族包袱，站在對方的角度面對生活，這時候如果沒有智慧，就可能會發生大大小小的衝突。

語言能不能通也是德國媳婦們過得順利與否的小關鍵之一。請想像一下，生活在舒適美好的德國，每天只能欣賞風景，出外卻無法與人溝通聊一下生活的五四三，當美麗風景少了那份人與人的溫暖相會、少了與當地朋友的甘甜分享，就算美得像明信片，恐怕住久了也因為寂寞沒朋友，心都跟著生起病來。

關於我的德國媳婦甘苦談，以下是我這個不工作的主婦給自己的年終考核：

▍媳婦絕活之一：吃晚餐前將餐桌美美佈置一番。

▍所有同學離開德語課程後，又是另一段各自的生活挑戰之旅。

▍在德國生活，家族聚會多，做糕點是德國媳婦們都得學會的拿手絕活之一。

跟數字有關的是

半年內打碎了二十多個杯、盤、碗；
幾個月內偷吃掉冰箱裡的三條魚；
四個季節裡澆死了好幾盒婆婆給的花。

跟季節有關的是

春光乍現離家在外拍櫻花；
夏天到了提籃森林採紅莓；
秋末黃昏準備當蘋果大盜；
冬日雪景準備來修身養性。

跟單位有關的是

因為一張茶包的卡片開始到公平交易店去當義工；
因為一杯咖啡的香味走進了德國人的喜憨兒天地；
因為一個華德福的採訪開始關注德國的教育生活；
因為一個羊毛氈作品開始走訪創意的藝術市集；
因為一棵大樹的影子開始留戀四季自然的變化；
因為一個問路反而認識了第一個德國新朋友；
因為一個夢想讓我在另一個國度鮮活了起來。

異國婚姻的浪漫與現實

其實，每對夫妻的問題千百款，不一定是同文同種就能免除所有情感、誘惑、生育、孩童、教育、經濟、家族、工作異動、職場變遷等問題，每對夫妻結合之始無不期盼長久圓滿，但夫妻之一方是績優股還是滯銷貨，誰能保證呢？相對來說，異國異地異種風俗更是挑戰加倍。

或許，我們自身得先剝除異國婚姻繽紛的浪漫想像與懷疑，平實看待每一樁婚姻，認清楚每一家庭不幸的因素都大致相同。每一夫妻創造幸福的過程各自不同，經營婚姻過程的認真與否，人心的認知與情緒抱怨的處理轉圜與否，鬱鬱寡歡、怨東怨西的心理機制絕處逢生與否，外人難以置喙明瞭，但我們受自身情緒影響與事情角度的悲喜觀點，常常左右了我們的每日心情高低起伏。

這時，我們才理解，在情緒的機制裡，昏暗天氣和異國風情都不能為我們的喜悅背書，也不能詛咒我們日日悲慘。生活總要找到自身的軌道與法則，歡笑與快樂都是根深蒂固屬於「心」的，德國人與我們一樣都努力著找尋自身「心」的快樂之道，而異國婚姻是加分還是減分，其實不過是自己人生中走一遭的多一種選擇，豐富自己人生的多一些選項，如此而已。

說一個幸福的故事

隨著恩典上幼稚園，我因為需要去上職業訓練課程，離開了家庭羽翼，開始通車往返的生活。突然間，我那熱戀德國的粉紅色眼鏡被拿掉了，看到另一個世界的德國，每一天都被不同的社會現象吸引。冰冷冬季裡，流浪漢在大街上步伐蹣跚地走著；火車站熙來攘往的德國人，竟有數不清的人抽著濃濃的菸、眉頭深鎖……看著那些人的臉，好像也感覺得到他們對生活有某種深深的厭倦。看到那麼多不快樂的德國人，我心裡的疑問是，生活在社會福利制度那麼完善的德國，怎麼還會不快樂、不幸福呢？

遇見不一樣的德國

遇見德國幸福的相反面，讓我變得開始像德國人那樣，冷靜地反覆回顧德國生活對我許多的正面影響。想到本書記錄著我剛到德國前幾年生活的點滴、那些美好價值的日耳曼幸福生活哲學，雖並未因為看到另一個面向的德國而動搖，卻也意識到：一個社會福利制度再好的國家，生活環境有再多自然美景的仙境，仍然無法保證人們可以完全的幸福。

今年有機會去社區大學補上一門課程，班級裡聚集了十多種國籍的面孔，有羅馬尼亞、立陶宛、匈牙利、伊朗、俄羅斯、義大利、西班牙等。問起每一個人來到德國的原因，大部分的人離開家鄉，都是因為想要在這裡有一個更幸福、更美好的生活。一群和我一樣的異鄉人，因為夢想、因為愛而遷移到德國，很多同學在自己的國家也都唸到大學畢業，有十分不錯的工作背景，但是來到德國之後，卻為了生活跑去當清潔工。

不同人跟我說著她們的故事，都是異鄉生活那些不為外人所知的辛苦與心酸。故事繼續上演著，課程結束了，同學們各自奔向自己的前程，而我回到家庭的幸福羽翼下！我知道自己比很多同學幸福，但那張張跟我訴說著異鄉故事掛著淚滴的臉孔，卻再也無法忘懷。

課程最後一天，我在德國冷冷的大街上，跟同學們互道珍重。記得來自匈牙利的年輕女同學和我一路聊到她快下電車時，我望著她幽幽的淚眼與背影，竟聽到自己的心也跟著她一塊兒在掉淚，想要給她的祝福終究來不及給；好幾個夜裡惦記著她，睡不著覺，心裡一直跟老天說一定要好好看顧這女孩。

經歷著相反面的德國，除了撕裂了我心中對德國完美的幸福體會，心裡也開始對德國冒出很多疑惑。

有一天，我在前往瑜伽課的電車上，巧遇我相當敬愛的德文老師Frau Adam。在社區大學課程結束幾個月後不期而遇，我們兩人開心聊起彼此生活近況，後來電車停在一處相當熱鬧的廣場，我們不約而同望向窗外那兩位抽著菸推著嬰兒車的媽媽；過沒多久，突然從前面兩節車廂傳來一陣震耳的瘋言亂語，我們向那節車廂看了看，老師看我臉色發白，示意我不要擔心那個大白天的酒鬼子。

在尼泊爾見到微笑喇嘛

當下那一刻，我再也壓抑不住心中對德國的疑惑，忍不住開口問老師：「Frau Adam，你知道嗎？這個世界上有多少人夢想著，要到一個比他出生的國度更好的地方，創造一個更幸福的生活遠景，而德國就是其中的一個。德國有這麼好的自然環境保育及社會福利制度，為什麼還是有那麼多不快樂的德國人？」

老師看著我，如智慧老人般面帶微笑、不疾不徐地跟我聊：

「Chiayu，妳的感受我深深了解，關於妳的問題，我很想跟妳分享一個我自己的故事。年輕時，完成大學學業後的我，離開學校後第一件事，就是想盡各種辦法走出德國去看這個世界。身為德國人，我對德國民族性與嚴格的層層法律制度，有著一種很深的厭煩；德國的冬季太長，我嚮往生活在一年四季都如春夏的國家；德國人處事要求完美的態度有時令人抓狂……當時年輕氣盛，有太多理由想離開德國，後來開始不斷自助旅行，旅行兩年後，輾轉到了尼泊爾偏遠山區學校，自願到那裡一年教孩子英文。

那一年的山野生活給我很多身體上的鍛鍊，為了要讓孩童們有乾淨的水喝，每天我都必須花上三個小時的腳程，將兩桶乾淨的山泉水提到學校。有一天，我們學校來了一個喇嘛，那喇嘛一出現，每個孩子都跑到他身邊。看著那些我平常帶的孩子們露出大大笑容，我開始覺得心裡不好受，因為當我要孩子們過來我身邊上英文課時，他們個個無動於衷，繼續圍著喇嘛轉啊轉。

我為此事對那位喇嘛生了很久的氣，更氣的是，他開始每天出現在學校，也沒做什麼，就是修理一些壞掉的門、掃地和煮飯給孩子吃……我默默觀察著他，相當好奇他的法寶是什麼，為什麼孩子都那麼喜歡接近他？兩個月後的某個早晨，尼泊爾山區下起很大的雨，我窩在不到一坪破破的小房間裡，聽到一清早六點鐘，從教室裡傳出來頌經的聲音。聽著喇嘛的頌經聲，不曉得為什麼，我竟然掉下淚來，開始懷念起自己的家鄉。

窩在被裡哭了一場後，我起身去洗手間，經過教室旁看到喇嘛一個人靜靜坐在地上，跟往常一般進行著他的打坐時間。那天，他看到我後，竟然起身邀我過去跟他坐在一塊兒。他問我來尼泊爾多久了，我很驚訝他會說英文，我以為他會再繼續問我來尼泊爾生活的心得或收穫之類的，沒想到他卻一語直指要害跟我說：『Frau Adam，不管妳躲到哪裡，妳內在的黑暗面都會跟著妳不放，妳愈抗拒那黑暗，就等於在抗拒自己，妳還要流浪多久才會想要回家？』

被他這麼一說，我再也無法掩飾內心的軟弱，管不了淚眼相對的尷尬，問他可不可以告訴我，要如何才能找到生命裡真正的幸福。我告訴他，這個問題所帶來的內心焦慮，不曉得究竟有多少年了！以為唸到一個好學位，就可以向幸福更接近一些；以為離開德國去看世界，新的生活體驗可以將焦慮感一一消滅；以為到山上當義工教孩子英文，可以給孩子們很多的愛，但卻發現孩子給我更多的愛……

真正的幸福

喇嘛看著我焦慮的眼神，卻沒有馬上給我解答，他面露祥和微笑問我要不要來打打坐，一塊兒煮煮飯、掃掃地就好，他說不必對那些焦慮太掛念：『不要緊的，那些都會過去的！』

我問他做這些有用嗎？他還是沒回答只有微笑。

我因為想偷學他的法寶，也很乖地每天認真照著他說的，打坐、打掃、煮飯，當然孩子的英文課還是繼續教，不過我一向不太有耐心，一個月後我發現自己還是沒悟出什麼幸福道理，忍不住跟不愛說話的微笑喇嘛問：『到底要做這些事多久，心中的焦慮才會不見啊？』

喇嘛又笑了，他要我跟他到大露臺上去。我跟他站在大露臺，眼前的天空有一片烏雲還有陽光，下著小雨但空氣卻透著雨滴後的自然鮮味，我看他望著天空的神情好祥和，心境也跟著平安寧靜起來，不想說話了。這時，喇嘛反而開口了，他說：「妳看那太陽與烏雲，它們有想要對方消失嗎？妳不喜歡下雨嗎？但如果沒有雨的洗滌，大地怎麼換來它的煥然一新？」

要快樂、要幸福，只要學習自然律則，心頭苦的症狀就會改善。身為人，當然躲避不掉自己人性裡種種的軟弱與苦，唯有當我們溫柔地去接納那個苦，那苦才不會再困住你。他告訴我，當我學會不去跟黑暗對抗，反而去謝謝黑暗與我為友、淬鍊著我的勇氣與智慧時，我內在的衝突與矛盾就會化解。

至於那些焦慮、那些苦，只是楔子！那是讓人們重新再返回愛與平安的一場設計、一場遊戲，遊戲的最終目的，是要讓我們記起來自己是誰而已。接受苦不代表要一直受苦，而是要學會去接納生命的光明與黑暗，然後從兩極的融合裡，再超越兩極到另一個更開闊的心靈意識層面，開始經歷心中如實的平安幸福。」

愛與平安

Frau Adam老師說的故事像小說一樣讓我深深入迷，我很怕故事沒聽完她就要下車，於是急著問她：「Frau Adam，那妳後來有靠喇嘛傳授的禪修工夫，解決生命的問題嗎？」

她竟然開懷大笑地說：「哈哈哈！修行可是一輩子的事，對於這個問題，我還真不敢回答。

關於妳的問題，Chiayu，不管你在德國或在臺灣，還是在世界上哪一個國家，不管妳經驗到好或壞的那一面，永遠要記得：

幸福的決定權跟妳看到的正面與負面並沒有太大關係，也跟人們是不是出生在哪一個比較先進的國家沒有關聯，幸福決定權就像喇嘛跟我說過的一段話那樣——他說當我們記起自己是『愛』、是『平安』時，就可以跟黑暗共舞融合；當我們在愛與平安中，就不會去分別那一個比較好、那一個比較不好，我們會渴望將差異的兩極都擁入自己的懷中。

愛與平安會將人性裡種種的軟弱與恐懼層層融解，跳脫頭腦的二元對立，讓人們真正學會看重自己、不貶低自己。在愛與平安之中，我們不會說向日葵綻放得比百合花美麗，我們會懂得欣賞花的世界，因為有不同的美，才真正彰顯了宇宙天地的奧祕萬千。」

Frau Adam下車前送給我的這一段話，是不是身為人類的我們生命幸福哲學的鑰匙，是不是德國人不快樂的幸福解藥？我突然覺得自己的回答跟她一樣：「這個問題我還真不敢回答。」但是Frau Adam在尼泊爾遇見微笑喇嘛的故事，喇嘛引領她從外在焦慮踏上回歸自我內在旅程——追尋幸福的心靈向度，卻很可能會成為我這一輩子最重要的幸福生活哲學。

感謝

感謝柿子文化出版社林總編輯對我的鼓勵，他在三年前看過我寫的《以色列，愛的朝聖旅程》及我在德國初期生活的生活體驗，就給了我的書寫很多正面回應，並且鼓勵我持續創作，謝謝這本書最初期的編輯孟希，及後來接手這本書的高煜婷主編，共同扶持了整本書的經過。

而我在臺灣的老大姐張慧心女士，是這一本書最開始的催生推手，當初如果不是她邀請我為「人間福報・不可不知日耳曼」專欄執筆，我就不可能將德國的生活經驗記錄下來，完成這一本書。更要謝謝老大姐對我這小妹遠嫁德國後，一直在臺灣給我們一家人永不間斷的愛與關懷。

另外要感謝為我寫推薦序的點燈製作人張光斗先生，十多年前有幸在點燈任職兩年，那兩年讓我見識到臺灣底層的真正生命力，為我生命帶來了滋養。一直到現在，偶而在異鄉低潮時我都會想起點燈的每一個伙伴，那不滅的愛與光，是上天給我的福佑，讓我在世界每一個地方不輕易被逆境困住，活出自己的生命力。

要謝謝鄭惠中老師，為我示現了實修人的生活典範，鄭老師曾跟我分享到他會將他的後半生投身公益，那是因為他從為他人付出裡，感受到心靈真正的歡喜平安，這種美好的價值，也一直深深影響著我在德國的創作生活。在成為媽媽後，我試著在家庭生活的剩餘時間，持續文字與畫畫創作，深覺現階段能做的有限，但我仍然願意盡己所能，將文字或畫作分享給有緣眾生，期許自己能在這一小塊領域裡喚醒更多人心中原有的善念與覺知力。

謝謝幫我寫推薦序的趙翠慧女士，翠慧媽媽曾跟我分享她瀕臨死亡後的生命觀，她說讓「感激變成一個習慣，甚至變成你每天的一個工作，好好練習，你就會發現，人生非常溫暖，內心也會非常強大……至於你，這一輩子有可能變成無敵鐵金剛」。我總是將翠慧媽媽的這一小段話，當成我在德國生活的座右銘，因練習感激，讓我們心變得純淨，得以在生活裡最小的細節裡，看見上天給我們的恩典。

謝謝另一位幫我寫推薦序的大姐劉美霞，她的生活座右銘做得總比說得多：「用一份堅持守護土地，用一種希望耕耘夢想！」看著她一步一腳印打造晨捷生活農場，她對夢想的實踐與勇氣，常常鼓舞著當媽媽後的我，繼續勇敢作夢，完成我靈魂裡渴望利人利已的夢想。

這裡還有兩位要特別感謝的人，劉威良小姐與鄭伊雯小姐，當初出版社希望我能在每一篇的主題後再補上「德國優勢」的補充文字，有幸找到兩位好友，共同協助我來完成這一項重要工程。她們兩位對德國歷史的深入了解，及對德國社會多元的觀察，增添了本書在幸福生活感性之外，最重要的德國文化知性探索。謝謝威良，在為臺灣流浪動物上所示現給我的愛與勇氣，謝謝伊雯那麼乾脆，當我向她邀請協助時，她義不容辭跳下來當我的後援隊，而她與我分享三個孩子的教養，以及她跟公婆的相處之道，更是讓我從她身上學習良多。

謝謝我在臺灣的母親以及臺灣的家人，因為有她們給我的幸福成全，我才可以離家那麼遠，在異鄉建立我自己的家。我也要將此書獻給我在天上的父親，雖然他沒有機會看到這本書，但我相信父親在天上，看到我有了幸福的家庭與自己的孩子，他一定會很寬心滿足了。

最後要將這本書獻給我最愛的先生與我的兒子恩典，還有我在德國的公公與婆婆，他們四個人是我在德國生活裡最親密的家人，也是淬鍊著我更懂得愛與幸福的良師益友，沒有那份與家人間相濡以沫的情感，我不會有那麼多幸福的體驗想要分享。最後感謝所有愛護我的讀者，我由衷地獻上我的感謝，感謝上天愛我、疼惜我，也願那一份愛與幸福的生命力，傳送感染給這個世界上更多需要的朋友！

註：

「德國優勢」的文字，分別由劉威良小姐以及鄭伊雯小姐共同協力完成，以下是她們的負責篇章。

■劉威良：誠實自重，比貞操更重要P38；為了回家吃晚餐，晚上不應酬P61；沒有時間，寧願不要孩子P65；德國男人不只當奶爸，還坐著尿尿P73；讓孩子充分跑跳動，比學習才藝更重要P85；能享受安靜，全仰賴德國人的自我約束P101；努力賺錢也需要「有時間」花錢P105；從小培養自處能力，老來高唱一個人的快樂頌P121；反抗一定要大聲P142；婚禮是德國人生活的潤滑劑P181；付費看電視、聽廣播，維護媒體品質P205；歧視傷人要罰款，自我學習和調適還是很重要P209；德國醫生不隨便打針、開藥，也不亂嚇孩子P213；像椰子的德國人P217；生活費好貴的德國人，卻容易存到錢P225；連騎腳踏車都需要考駕照P229。

■鄭伊雯：放手就是一種珍惜P24；花果落地化為春泥，更護果P30；寧願不蓋機場，也不可毀掉鳥兒的家園P34；買得安心、吃得安心，詳細產地資訊一定要P44；接觸大自然的孩子才算擁有快樂童年P49；賺得的一塊錢不是錢，省下來的一塊錢才是錢P56；提菜籃上市場是種風雅，愛家鄉就要上傳統市場P69；保險套背後的意義：既然要生小孩，就花時間照養P77；寧可當八爪章魚，也不當烏鴉媽媽P81；就算一輩子租屋，對住家環境也絕不馬虎P93；德國人鍛鍊身體就靠——冷熱交替的訓練P109；德國人重視思考，也尊重每個人的哲學觀P113；熱帶植物庭園林立，背後是二、三百年的心血和故事P117；嘉年華的女性特權——剪男人的領帶P126；一天一熱食，吃在德國重實際P130；什麼時候，就穿什麼衣服P133；公益不缺席的德國人P145；節能、省錢又賺錢，德國人身體力行P149；德國人做環保，汽油價格含空氣汙染費P153；給他魚吃，不如教他釣魚P157；沒資源，就沒有經濟P161；驚人的「拒買拒吃」行動P165；一把菜刀無法打遍天下無敵手P173；德國超時髦的生活情趣——趕集P177；去咖啡館喝咖啡不只是年輕人的雅痞P185；德國幸運豬嘴裡也含金幣——巧克力口味P189；啥？聖誕樹是在德國出現的P193；從聖誕味看德國的珍惜傳統P197；節稅也可以促成婚姻P221；異國婚姻的浪漫與現實P235。

這些事，比收入、成功、享樂更重要……

讀者回函卡

*必填

<table>
<tr><td>*姓名：</td><td>*生日：　　年　　月　　日</td><td>性別：□男 □女</td></tr>
<tr><td>*電話：</td><td colspan="2">*地址：</td></tr>
<tr><td>*手機：</td><td colspan="2">*e-mail：</td></tr>
<tr><td>婚姻狀況：
□單身 □已婚</td><td>職業：</td><td>教育程度：
□高中及以下 □專科及大學
□研究所以上</td></tr>
<tr><td colspan="3">您喜歡閱讀哪些類別的書籍：（可複選）
□01.小說 □02.文學 □03.勵志 □04.旅遊 □05.法律 □06.財經
□07.科學 □08.健康 □09.瘦身 □10.養生 □11.育兒 □12.中醫
□13.宗教 □14.其他＿＿＿＿＿＿</td></tr>
<tr><td colspan="3">*得知本書消息的方式：
□電視＿＿＿＿＿＿＿ □廣播節目＿＿＿＿＿＿＿ □報紙＿＿＿＿＿＿＿
□網路＿＿＿＿＿＿＿（請填網站名稱）□書店＿＿＿＿＿＿（請填書店名稱）
□試讀本、文宣 □親友介紹 □其他＿＿＿＿＿＿</td></tr>
<tr><td colspan="3">*在哪裡買到本書：
□金石堂 □誠品書店 □博客來 □量販店＿＿＿＿＿＿＿（請填量販店名稱）
□一般書店＿＿＿＿＿＿（請填書店名稱） □其他＿＿＿＿＿＿＿</td></tr>
<tr><td colspan="3">*您選購本書的原因：（可複選）
□喜歡封面 □喜歡書名 □看過別人推薦 □覺得內文很棒 □其他＿＿＿＿＿</td></tr>
<tr><td colspan="3">您對本書的意見：（請填數字，1非常滿意，2滿意，3普通，4待改進）
□內容 □編輯 □封面 □校對 □翻譯 □定價</td></tr>
<tr><td colspan="3">您對本書的建議：</td></tr>
<tr><td colspan="3">您的出書方向建議：</td></tr>
<tr><td colspan="3">您對於柿子文化的書籍：□經常購買 □視主題或作者購買 □初次選購</td></tr>
</table>

將回函卡寄回或上網加入柿子文化會員，即可享有會員專屬優惠，
詳見柿子文化官網（http://www.persimmonbooks.com.tw）。

廣　告　回　信	
臺北郵局登記證	
臺北廣字第4218號	
免　貼　郵　票	

地址：11677臺北市文山區羅斯福路五段158號2樓

電話：（02）89314903

郵撥：19822651 柿子文化事業有限公司

■寄回這張回函卡，您可以——

(1)隨時收到最新消息與活動資料。

(2)享有會員專屬優惠。

■想擁有柿子文化的閱讀幸福感

(1)請至各大實體書店或網路書店洽詢選購。

(2)部分柿子文化好書已有電子書，請上mybook書城、UDN讀書吧、遠傳e書城洽詢選購。

(3)歡迎加入柿子文化網（http://www.persimmonbooks.com.tw）和臉書（facebook）柿子文化粉絲團，隨時接收第一手的資訊。

沿虛線對折裝訂後寄回

Seeker

Seeker